ジャーニー・ウイズ・セミコンダクタ
My journey with Semiconductor

東芝、スタンフォード、
そしてサムスン電子

宮本 順一 著

風媒社

フラッシュメモリの応用機器

市場規模 〜 $20B

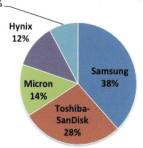

会社と住居（サムスン電子時代）

大韓民国（2012年6月時点）
- 人口　約5000万人
- GDP　約2万ドル／人
- 面積　約10万km²

※日本の国土面積：37.9万km²

[地図：Google, SK telecom]

サムスン電子

華城事業所　　器興事業所

[画像：Google, Terra Metrics]

中部大学ブックシリーズ「ACTA」27
ジャーニー・ウイズ・セミコンダクタ
〜東芝、スタンフォード、そしてサムスン電子〜

●目次

　　　プロローグ　　5
1. 原　点 …………………………………… 6
2. 初夏の花火 ……………………………… 12
3. 留　学 …………………………………… 15
4. 研　究 …………………………………… 19
5. フラッシュメモリとの出会い ………… 27
6. 共同開発 ………………………………… 31
7. ランバス社 ……………………………… 37
8. DRAM事業撤退 ………………………… 41
9. メモリ事業 ……………………………… 44
10. 決　断 …………………………………… 51
11. 赴　任 …………………………………… 54
12. 最初の仕事 ……………………………… 59
13. サムスン基礎知識 ……………………… 69
14. 社　風 …………………………………… 75
15. 韓国語 …………………………………… 80
16. 韓国風物 ………………………………… 83
17. 次の仕事 ………………………………… 89
18. 最後の仕事 ……………………………… 96
19. プロジェクト顛末 ……………………… 101
　　　エピローグ　　108

● 用語解説

情報量（データの数）の単位
・bit（ビット）　　　　　　　情報量の最小単位で、"1"または"0"
・1Mbit（1メガビット）　　　約100万bit
・1Gbit（1ギガビット）　　　約10億bit
パソコン、携帯電話のカタログに「メモリ容量」として記載されている、"B"とはバイトの意味で、1Byte=8bit

トランジスタの種類
・バイポーラ・トランジスタ　高速である反面、消費電力が大きくコストも高い
・MOS・トランジスタ　　　　コストは安いが消費電力大、かつてのLSIの主流
・CMOS・トランジスタ　　　消費電力が小さく、微細化容易で現在のLSIの主流

LSI（Large Scale Integration：大規模集積回路）の種類
・メモリ　　　　　　データを記憶するLSI　……メモリ事業部担当製品
・システムLSI　　　PC・携帯電話用プロセッサや、画像処理、信号処理などのLSI
　　　　　　　　　　……システムLSI事業部担当製品

半導体メモリ開発業務
・設　計　　　　　　システム・回路設計・レイアウト設計
・デバイス開発　　　トランジスタ開発、微細加工開発
・マーケティング　　製品評価、応用分野開拓、顧客対応

半導体メモリ（半導体記憶装置）の種類
・SRAM　　　小容量だが、高速、非常に高価
・DRAM　　　パソコン・携帯電話等の主記憶として多用
・EPROM　　 電源切断してもデータを保持（不揮発性）、紫外線照射で格納データを
　　　　　　 消去
・フラッシュメモリ　不揮発性で電気的にデータ消去可能　NOR型とNAND型が
　　　　　　　　　　ある
・抵抗変化型メモリ　開発途上

プロローグ

　2008年11月のとある日、庶務の女性が不在中に突然机上の電話が鳴った。思わず電話を取ると「○○物産の△△ですが」と名乗ったが、全く聞き取れないほど早かったので、「え？」と答えた。すると相手が、「宮本さんですか？」と聞いてくる。「はい」と答えると、「申し訳ありません。私、○○物産の△△と申しましたが、実は、ヘッドハンターなのです。さる宮本さんがご存知のさる外資系の会社が……」と言いかけたので、とりあえずメールしてくれと頼み、電話を切った。これがコトの始まりであった。

　すでに次の株主総会で役員退任が決まっている。そのあと、会社がどう処遇してくれるのか全くわからない今、とりあえず、選択肢は広げておいた方がよいと考えていた。事実、誘いのメールが来て東京の立派なビルにある人材紹介会社を訪問したこともあるし、会いたいと言ってきたヘッドハンターに会ったこともある。また、結局会わなかったがアラブ系が出資する会社のメールの処理に頭を悩ませてもいた。

　指定されたホテルにゆくと、ヘッドハンターと思しき人から、サムスン横浜研究所に勤務しているイ・ジェヒョン部長を紹介された。とりとめのない話であったが、中華料理を食べながらの会話ははずみ、楽しかった。サムスン電子が私に興味をもった理由、それは、応用が急速に広がり、東芝の儲け頭になっているフラッシュメモリを、まだ、「フラッシュメモリ」と命名されるずっと以前から研究開発していたからであろうと思った。そして、その東芝の強力なライバル会社がサムスン電子であった。

　イ・ジェヒョン部長は気さくで、人柄の良い人に見えたが、私はサムスン電子という会社は全く信用しておらず、単なる情報収集のために「採用」を餌に近づいてきているのだろう程度の認識しか持てなかった。フラッシュメモリは半導体各社がしのぎを削って開発競走を繰り広げている。ヘッドハントする技術者には困らないはずだ。でも、どうして私なのだろうか？

1 原 点

1973年当時の板谷研メンバー
中列、右から3人目が板谷良平先生
後列、右から2人目が著者

　私の研究開発の原点は、京都大学の学部・修士を通じて、電子工学の板谷研究室に身をおいたことにある。核融合に用いられるプラズマの諸現象を、コンピュータを使って解析（シミュレーション）するという研究であった。ことに、プラズマ自身に興味があったわけではない。現象が、自分の意図したように図として出力でき、視覚的にとらえられるのが楽しかったからである。研究としてやってゆくうちに、自分は、本当はプログラミングが好きなのではないかという思いにとらわれた。このプログラミング技術は、自身のアイデアをコンピュータにより検証できるという意味で、その後の研究開発人生でおおいに役立った。

　シミュレーションでは、ひとつしかない空間をデジタル化、すなわち、複数の空間に分割して計算しなければならない。ある日、シミュレーション上で、一定であるはずの系のエネルギーが徐々に増加してゆくという、自然界ではあり得ない現象が起きていることに気が付いた。ふと、連続空間を扱った場合と、分割された多数の空間を扱った場合には本質的な違いがあり、計算を重ねるうちに、この誤差が徐々に蓄積してゆき、これが、エネルギー保存則に反する現象となってあらわれているのではないか？という思いに駆られた。下宿に帰ってから、夜が明けるまで、必死にその解析式を求め続けた。この解析式をシミュレーション結果

と照合すると間違いなさそうだ。この成果を"Journal of Computational Physics"という、物理シミュレーション分野では著名な論文誌に投稿してみようということになった。投稿はしてみたが、さすがに世界の一流誌となると審査が厳しい。何度も何度もつき返されたが、その度に審査に対する反論を繰り返した。採択の通知をうけとったのは、私が修士2回生の3月、大学院修了まであと1カ月をきったところであった。

　友人が半導体の研究室に所属していた。修士2回生になってまもなく、彼の半導体仲間を中心に、京浜地区への会社訪問が企画され、私にも声がかかった。半導体といえば、「黒くて四角い小さな」部品程度の印象しかなかったが、参加させてもらうことにした。博士課程進学も勧められていたが、プラズマが本当に自分のやりたい仕事なのかどうか、考えあぐねていたところでもあった。どこへ行っても、「プラズマ工学という全く異分野の専攻であるが、半導体業界でやってゆけるか？」と質問をした。それに対して、どの会社も、「修士は2年だけ。そんなことで数十年も勤める会社の仕事を決めてしまう必要はない」ということであった。結局、「＋と－の電荷の振る舞いで諸特性が決まるのはプラズマも半導体も同じ。だから問題ない」と言ってくれた東芝に入社を決めた。「日立野武士」「東芝殿様」と言われており、その穏やかと言われる社風が気に入ったこともある。

　そして、研究開発を希望し、バイポーラIC開発部に配属された。オイルショックの余波で突然大不況に襲われ、入社日が本来の4月1日ではなく、4月21日に変更された1975年のことである。この部は、1979年創設される半導体技術研究所（ハンギケン）と命名された事業部のワークス・ラボに所属することになる。そもそも半導体の勉強すら真面目にやっておらず、課の名称「バイポーラ」が何を意味するのかも曖昧な有様であった。文献、専門書などを読みあさり、半導体をイロハのイから学んだ。

　配属されたグループの上司に京都大学の10年先輩で半導体本流の研

究室出身の久留勇主任研究員がおられた。学生時代は短距離の選手で数々の記録をうちたて、大柄、大声の持ち主、アメリカ留学経験があって英語は堪能、おまけに博士の学位まで取得しており、見るからに自信の塊以外の何者でもなかった。この久留主研との出会いは思い描いていた東芝のイメージを一掃させることになる。「おまえ、本当に大学を出ているのか！」「そんなことで社会人としてやってゆけると思っているのか！」、専門書を読んでいると、「仕事をしろ！」、報告書を書いていると「そんなものは家で書け。会社では会社でしかできないことをやれ！」、etc、etc、来る日も来る日もどやしつけられた。私は、半導体は素人なので、できるだけ皆の邪魔をしないようにしようと、姿勢を低く保ち、できるだけ控えめに仕事をしていた中での叱責であった。毎日毎日悔しくて泣いて帰った。「いつか、いつしか見返してやる、留学もする、英語もうまくなってみせる、博士も取ってやる……」と心に誓った。

　当時は、半導体では日本は後進国。高価な装置もアメリカからの輸入である。久留主研から、ある装置の通関を通す申請書類の作成を命じられた。装置の資料を見ながら文章を書いていると、久留主研が寄ってきて、「文書の中身はどうでもよい。とにかく厚さが問題だ。厚さだけだ。ひたすらたくさん書け」と指示があった。そこで、昼休みも返上してせっせと量増し作業をしていた。ところが、本人は机に足をのせて、葉巻をくゆらし、悠長に新聞など読んでいる。このときばかりは腹にすえかね、「私は、いつまでも、こんな仕事をするつもりはありません」と勇気を振り絞って声に出した。また、いつもの叱責が飛んでくるかと思いきや、急に真顔になって「おまえに、こんな仕事を一生させるつもりはない」と言ってくれた。意外とわかってくれる人かもしれないと思った。

　ほとんど「いじめ」とも言える叱責は、いつしか、私の会社に対する甘い考えを根本から叩き直した。これが会社のあるべき姿なのである。さらに、ほとんどのことにやり直しはないことも教えられた。一発勝負

なのである。やり直しのチャンスをもらえたら、それはめったにない幸運だと思うことにした。したがって、それ以降の会社生活では、与えられたプロジェクトには、すべて背水の陣で臨んだ。幸いなことに、その後の会社生活では、よき上司、同僚、部下にめぐり合うことができた。しかし、一番の恩人をあげてみろと言われたら、久留勇をおいて他にはいない。社会人として技術者としてあるべき姿を、身をもって示し、私を教育してくれた人であった。アメリカ留学も経験し、英語力も身に着け、博士の学位も取った。東芝における最終的な役職として、彼と同じ技師長にまでなることができたが、それでも久留勇ほどの教育者にはなれなかった。

　入社後 2 年は、一心不乱にただ自分のやるべきことをひたすらやる毎日が続いた。ときは、パーソナル・コンピュータ（PC）が導入され、半導体特性評価の自動化の黎明期であった。相変わらず、プログラミングは好きであった。実験室にこもり、ひたすらプログラムを開発し測定の自動化をすすめた。こうして 2 年たったある日、同じように、久留主研から毎日どやしつけられ傷をなめあっていた同僚から「久留さんが、宮本もようやく使えるようになってきたなと言っていたよ」と、思いがけない言葉を聞いた。この半導体の世界でなんとか生きてゆけるかなと一筋の光明を見た思いだった。

　その後、超高速メモリの開発に重心を置くことになり、私もそのプロジェクトに加わった。この超高速メモリには温度依存性のない電源回路を設計する必要があったが、人力での最適化は不可能であった。そこで、プログラミング技術を使うことを思いついた私は、この PC を用いて、この電源回路を設計した。試作品はものの見事に設計通りに動作した。この瞬間、学生時代には見る気さえ起きなかった電子回路に興味がわいた。すると面白いもので、超高速メモリのすべての回路が砂に水がしみ込むようにわかってくる。なるほど、うまい回路を使っている。

　私が、超高速メモリ設計チームのリーダーを任された直後、その開発

終了をまたず、久留主研は突然アメリカ赴任の辞令がくだり、グループを離れていった。入社4年目であった。もうあの叱責が聞けないかと思うと、一抹の寂しさが身をよぎった。このとき、久留主研は、アメリカで開催される、ISSCC*)への参加を予定されていた。突然の異動だったため、代わりに私が出張できることになった。1979年2月、生まれて初めての海外出張、しかも、生まれて初めて飛行機に乗れることになった。

当時のISSCCは、アメリカ東海岸と西海岸の交互に開催されており、1979年は東海岸のフィラデルフィアでの開催であった。その当時の海外出張は2週間とされていた。新入社員時代、久留主研と並んでもう一人の上司であった西義雄主任研究員が同行することになった。西主研は、半導体のことなら、何も知らないことがないような専門家でありながら、それを表には出されない穏やかな方であった。しかし、西主研が同行するのは、学会の開催される1週目だけで、2週目は一人で西海岸のいろいろな会社訪問をしなければならなかった。

英語は高校時代から大の苦手であった。英語をなんとかしなければならない。横浜の英会話学校を尋ね、14万円の大金（当時の修士の初任給は、9万8,000円）を払って個人レッスンを受けることにした。あまりに急であったため、グループレッスンのコースをとる時間がなかったのである。この個人レッスンが有意義であったのは、外人とのコミュニケーションをとる際の心理的障壁がとり払われたことであった。要は、何を話したいかであって、発音ではないとわかった。生まれたばかりの娘の顔を見たあと、バンクーバー乗換えの飛行機でまず、ニューヨークに向かった。ジョン・F・ケネディ空港に降り立ったはいいが、乗り継ぎの飛行機がわからず、ウロウロしているとき、ISSCCで論文発表するという日立の方と出会った。日立は、日本国内では競合会社だが、ここでは呉越同舟。開発テーマが同じ超高速バイポーラメモリであることもわかり、いろいろな話題で話がはずんだ。国際学会に参加する目的は

世界の技術レベルを知り、彼我との差を認識し次の戦略を考えることであり、会社にとっては自社の技術力を顧客にアピールする場でもある。また、個人的には知己をつくり、表に出てこない業界裏情報を収集し、特に海外技術者にとっては、グラント、共同研究、果ては転職などの端緒にもなる。まさに、"Sell your presentation, sell your company, and sell yourself!"の場なのである。しかし、今回は論文発表のない聴講のみ。さらにいざ発表を聞いてみると英語がさっぱり聞きとれなかった。発表の終わった日本人が、外国人にとりかこまれて質問攻めにあっている姿がうらやましかった。こんなことでは、知己などできるはずはない。学会に参加している実感は全くなかった。自分の研究論文を発表するため、もう一度この学会に来たいと強く感じた。

　2週目の会社訪問には苦労した。ある会社を訪問した際、面会したい人の名前を言うと、その受付嬢が「そこのバスに乗れ」と言ったような気がした。聞き取りに自信がなかったので逡巡していたら、すかざず、「Can't you speak English?」という言葉を浴びせられた。自分の不甲斐なさを痛感した海外出張であった。

　バイポーラIC開発部は、その後、国からの補助金も打ち切りとなり、独自で生きてゆかねばならなくなった。ここから、やみくものバイポーラ・トランジスタを使った大規模集積回路（LSI）の開発が始まった。ともかく「売れている製品」を購入し、これを分解する。そして、LSI表面を写真にとり、そこから回路を読み取り、その動作を理解し、当グループでも試作できるように設計し直す。この繰り返し。始めの頃こそ超高速メモリであったが、そのうち、だんだんと対象製品もメモリに限らなくなっていった。幸いにも、設計したLSIは、すべて一回の試作でほぼ完璧に動作した。しかし、事業化のメドは一向に立たず、ようやく動作確認に至った頃には、また違う売れ筋製品が持ち込まれた。こんな後追い製品を事業化したところで勝ち目などあるはずはなく、ワークス・ラボとして最低限の存在の証である学会発表も、後追い論文が採択

されるはずもなく、不可能な状態であった。グループとして、バイポーラのLSIを開発してきたが、実際にどんな製品を開発したらよいのか、全くわからない混迷の極みに陥っていった。

　ここで、半導体技術研究所の清水所長はバイポーラLSIの開発をやめ、そのリソース（人・物・金）を今後事業の伸びが期待されるMOS開発に振り向ける決断をされた。関係部所から非難を浴び、だいぶご苦労されたと聞いている。しかし、この判断はまさしく「英断」であり、これがなかったら、次に起こる「栄光の東芝1MbitDRAM」の時代はなかった。西部長が率いる旧バイポーラIC開発部のメンバーが、その1MbitDRAM開発に従事し、MOSをCMOSに変えるという大胆な発想の元、東芝が他社を抑えてぶっちぎりの大成功をおさめ、東芝に莫大な利益をもたらしたのである。

　かくして、入社後7年所属したバイポーラIC開発部は消滅した。しかし、過酷とも言える開発スケジュールの中で行った一連の他社製品分解、回路読み取り、動作理解、再設計の繰り返しは、その後、LSIの設計者として歩むことになる私にとって、大きな糧となったことは間違いない。

　＊）ISSCC（International Solid-State Circuits Conference: 国際固体素子回路会議）：半導体業界では、「半導体のオリンピック」と言われるほど業界の注目を浴びる学会で、論文採択のハードルが非常に高い。昨今では、シリコン・ヴァレーからの参加者が多いため、サンフランシスコで毎年2月に開催。

2
初夏の花火

　1982年4月、バイポーラIC開発部の解体に伴い、私は飯塚リーダー率いるCMOS_SRAM設計課に異動した。当時、修士卒で最速なら入社

後7年で主務に昇進する。私の場合はちょうど、部の消滅時期と重なってしまい昇進はあり得ないと思っていたが、案に相違して主務の内示をうけた。

　CMOS_SRAM設計課での仕事は、まだ東芝が製品として持っていなかった高速のCMOSメモリ設計であった。また、もし、良いアイデアを出して、論文を国際学会で採択させることができたら、発表に行かせてやってもよいとも言われた。初めての役職である主務としての気概もあったが、全く新しい分野で、世界一流の仕事をしろというのは、相当なプレッシャーであった。とにかく自分の存在価値を示すため「良い仕事」をしたかった。飯塚リーダーは、実は私と同期入社の東大博士課程出身で、この7年間勉強と迷走を繰り返していた私とは異なり、16KbitCMOS_SRAMの中速品を設計され、製品化にも成功し、すでに社内では名をあげていた。

　高速メモリのターゲットは、インテル社のヒット商品「2140」。しかし、その前にCMOSメモリを知らなければ話にならない。開発中の中速品、64KbitCMOS_SRAMの回路図をみせてもらい、動作の理解につとめた。いろいろな内部信号を追ってゆくうち、その振幅が、超高速バイポーラメモリの10倍以上と異様に大きいのに気が付いた。メモリ高速化の要諦は、内部信号の振幅である。なぜ、小さくできないのか？それは、信号を増幅するセンスアンプ（増幅器）の性能が悪いからかもしれない。しかし、ちょっと工夫しさえすれば、CMOS製造工程を変えずにバイポーラ・トランジスタは同時につくれる。バイポーラ・トランジスタで構成される増幅器を使えたら、信号振幅を小さく絞れるのではないだろうか？もし、これができれば、インテルと全く同じコストで高速化は可能だ！この私のBi-CMOS（バイ・シーモス）技術の思いつきに、飯塚リーダーは興味を示し、3人の部下をつけてくれ、64KbitのBi-CMOSメモリの開発がスタートした。

　CMOS-LSIの中でバイポーラ増幅器を用いるといった私の発想は社

内でも話題を呼んだ。本社研究所からも、「素晴らしい発想だ」と、高い評価を得た。そもそも、試作部隊が2人しかいないため、試作には予想外に時間がかかった。しかし、ものの見事に一発で動作し、1983年のIEDM[*]に論文が採択された。学会発表した人によると、学会の重鎮であるIBMの方も絶賛してくれたそうである。1984年、ISSCCにも採択され、ここでも好評を博した。

　アイデアは良かったが、でき上がった高速メモリは、市場に喜んで受け入れられるレベルの性能には達していなかった。まだまだ改良の余地はあった。しかし、こういう仕事は一発勝負。失敗したら、リターンマッチのチャンスはない。案の定、このとき天の声が下った。「東芝は、すでに大型コンピュータ事業から撤退しているので、高速メモリの売り先はない。やはり中速メモリにリソースを集中させることにする」。一緒に開発していた仲間をすべてとられ、Bi-CMOSメモリの開発プロジェクトは1年半で解散となった。

　その後の世の中のBi-CMOS開発はどうなったか？事業的には、大型コンピュータ事業を有する日立の独壇場となった。その後、日立の快進撃に触発されてBi-CMOSメモリの論文が各社から次々と発表され、メモリ高速化競争が繰り広げられていった。後になってから聞いたことだが、実は日立はBi-CMOSメモリをかなり前から開発していたらしい。しかし、他社に情報がもれるのを恐れ、発表を控えていたが、私に遅れをとったことで、大量の論文を発表してきたのだった。では、日立と私の技術的なアプローチの違いはなんだったか。日立は大型コンピュータ事業を持っていたため、超高速メモリの開発は必須、「本気」であった。内部信号振幅を、業界内で「常識」と言われた値からさらに半分以下まで絞ってきた。あの「常識」とはいったい何だったのか、どうしてその「常識」は決まっていたのか、そういった根本的なことを考える力が私には欠落していた。所詮、ゲリラ戦法で学会のみを狙った私とは性根が違っていた。この挫折感は、その後、私がメモリ開発を続ける上での大

きな教訓となった。

　しかし、私のBi-CMOS技術の論文自身は、なんと言っても世界初の発表であったため、社内はもちろん、社外でも相当センセーショナルであったらしい。だいぶ後になって、私も国際学会の委員として活動する中で、初めてのBi-CMOSメモリは東芝がやったと信じている人が、国内外共非常に多い。また、私の本論文を、教育の一環として読まされたと言ってくれる人にも、よく会う。さすがに筆頭著者の私の名前を覚えている人は皆無だったが、「東芝の人だった」ということは記憶にあるようである。そういう意味で、短期間ではあったが、意味深い開発であった。盛夏の前に終わってしまった、たった一発だけの「初夏の花火」であったが。

＊）IEDM（International Electron Device Meeting: 国際電子デバイス会議）:ISSCCと双璧をなすデバイス関連の学会。半導体物理に関する論文が多い。毎年12月、アメリカ西海岸と東海岸で交互開催。

3

留　学

　入社時、アメリカ留学の希望はそれなりに持ってはいたが、部の消滅と共に泡と消えてしまっていた。もう、年齢的にも、留学対象の上限を迎えており、チャンスはあり得ないと考えていた。ところが、Bi-CMOSメモリの開発を夢中になってやっていたある日、突然、課長に呼ばれ、留学する意思があるなら留学試験を受けてみないかと言われた。たくさんの同世代の社員がいる中、どうしてそうなったか全くわからなかったが、多分、このとき、Bi-CMOSメモリ開発プロジェクトを中止

スタンフォード大学フーバータワー

正面のチャーチ前に広がるオーバル

することが決まっていたのだろう。そしてリーダーを務めていた私を可哀そうに思ってくれた誰かがいたのかもしれない。英語は不得意であるが、チャンスが来たならやるしかない。試験を受けてみますと答え、英語の勉強を始めることにした。問題はヒアリング。会社から英語のテープを借りてきて毎日聞いた。これが奏功したのかどうかわからないが、留学試験をパスし、本社での最終面接もクリアし、留学切符を手に入れた。社内の内規である「35歳未満での出発」からは乖離していて、案の定、合格者30名中、最年長であった。西部長の友人であるロバート・ダットン教授の紹介でスタンフォード大学に、客員研究員として留学することになった。かくして、1985年7月末日、羽田からサンフランシスコに向けて旅立った。

　到着早々、すでに留学していた東芝の方にノウハウを教わり、いろいろと面倒をみてもらったが、毎日の忙しさは想像を絶するものであった。英会話の夏期講習を受けていたこともあったため、メシもロクに食えずに走り回った。まず、レンタカー。次に住居決め、アメリカ免許取得、車の購入。住居は、スタンフォード大学に斡旋してもらい、マウン

テン・ビューのデルメディオ・ガーデンに決めた。家を借りれば、家具のレンタル、電気、ガスの手続きが続く。幸いだったのは、学校区がロス・アルトスという高級住宅街の中にあるサンタ・リタ小学校であったことである。娘がその年の4月から小学1年生になっていたので、アメリカでも9月から小学1年生として入学手続きをした。

　ダットン教授には、大変お世話になった。半導体デバイス分野での権威であったが、私の専門がLSI設計ということから、教え子で博士課程を修了したばかりのマーク・ホロヴィッツ准教授を、アドバイザーとして紹介してくれたり、種々のパーティ（家族が集まる感謝祭など）に家族を招待してくださったりと大変親切にしていただいた。おかげで、同じ東洋人ということで、ダットン研ポスドクの韓国人、ファン・チャンギュとも家族ぐるみの付き合いをし、私が帰国した後も横浜の自宅まで訪ねてきてくれたりして親交を深めた。ファンは、当時「一生研究に身をささげる」などと言っていたが、その後サムスン電子に入社し、学会で名刺交換するたびに肩書きが上がっていった。やがて、「社長」（半導体事業部長）にまで昇進したファン率いるサムスン電子の半導体事業は絶好調となり、国際学会でも超売れっ子になった。まさに飛ぶ鳥を落とす勢いであったが、2008年に突然退任した。ファンに再会したのは、私が、サムスン電子に入社した後の2010年。アメリカ留学時まだ幼児であった娘さんの結婚式においてであった。ファンが社長を退任したのは、サムスン電子が私にアプローチしてきたのと同じ年。知っていたのか？　結婚式の合間の短い会話では、ここまでは聞けなかった。

　8月に入って、義母が、家内、娘二人を連れて来てくれた。直前に日

新羅ホテルで行われた結婚式風景

航ジャンボ機の墜落という大事故があったため、不安を抱えての渡米であったが、ようやく家族そろってアパートに落ち着くことができた。サンタ・リタ小学校からは、入学に際して、予防接種をうけるよう要求されていた。スタンフォード大学の小児科医にいろいろ説明を受けたが、予防接種を3本も同時に受けるとは聞き取れていなかった。幼い娘には申し訳ないことをしたと思っている。アメリカの感覚からすると、日本はまだまだ未開の国でどんな病気を持ってくるかわからない、アメリカの子供にうつされたらたまらないと思っていたのであろう。娘にはアルファベットも教えていなかった。小学校を家内とともに訪問したとき、名前がローマ字で書かれているのを見て、内心「しまった」と思った。が、娘が不安がるといけないのでそのことは話さなかった。ランチボックスを持ってゆく娘の後ろ姿に一抹の不安を覚えたものであるが、結局、学校に行くのがいやだと言ったことは一度もなかった。娘は、小学校で本当によく頑張ってくれたと思っている。すべての先生方が、すべての子供に対して温かい接し方をしてくれていた。

　娘が小学校に通うようになって生活もようやく軌道にのってきた。学校のコミュニティを通じて、近隣のいくつかの日本人家族と知己になれた。娘は日本人学校にも通うことになり、そこで、また人の輪が広がった。会社からの乏しい留学補助は家賃でほとんど消えてゆく。給料はもらえるが、会社からみると遊んでいるような身分なので賞与は期待できない。車は1台。これは留学しているどの日本人家族も同じである。カープール（車共有）などしながら、お互い助け合って生活していた。

　スタンフォード大では、留学生の家族の面倒をみることも怠らない。学生や研究者が、勉学や研究に専念できるためには、まず「家族を精神的にもしっかりサポートする」ということなのだろう。留学生の家族を対象に、地元のボランティアを紹介してくれる制度があり、これを申請したところ、ベティ・ファラレルというロス・アルトス在住のご婦人を紹介してくれた。車が1台しかなく、まだ手のかかる幼い次女と家内を

ショッピング、イベントといろいろなところに連れて行ってくれ、気分転換をはかってくれた。こんなわけで、アメリカのもろもろの文化、例えば、ハローウィン、復活祭など、家族で楽しむことができた。海外赴任はやはり家族で行った方がよい。家内と次女はベティさんとの関係で、長女はサンタ・リタ小学校と日本人学校で、人の輪がどんどん広がってゆく。以前、上司の代役として訪れたシリコン・ヴァレーは、「広いだけで味気ない大地に四角い建物がまばらに立っているだけでの無味乾燥な町」という印象しかなかったが、いざ、住んで人を知ると、まことに心地よい町に変貌する。カリフォルニアの青い空と1年を通しての温暖な気候がそんな気持ちを代弁しているような気がした。

4
研究

　客員研究員とは、会社が大学に研究費を納め、授業を受ける権利はあるが単位取得の義務はなく、アドバイザーの先生と話し合って決めた研究を行うポジションである。ERL（電子工学研究所）という古いビルに個室をもらい、そこで本や論文を読んだりする一方、CIS（Center for Integrated Systems）という真新しいビルの設計室に通うという毎日が続いた。ときは、1980年代後半で、「Japan As No.1」（エズラ・ヴォーゲル著）の時代。日本の半導体も、DRAMでアメリカからシェアを奪い取っていた、まさに日の出の勢いにあった。従って、日本人に対する関心も強く「日本語を教えてくれ」と、よく言われた。また、アメリカでは、紙から電子メールへの移行期、半導体に関しても、コンピュータを駆使した設計が始まった時期であり、留学時期としてはまことに運が

CIS（Center for Integrated Systems）ビル

良かった。当時、プロセッサの新技術である、RISC（Reduced Instruction Set Computer）方式が提案され、ホロヴィッツ准教授はこれを推進していた。私はプロセッサの設計チームに入って、その勉強を始めることになり、ハード・ソフトの合同ミーティングにも参加させてもらったが、専門外ということもあり、ネイティブの議論にはさっぱりついてゆけず、何がどうなっているのか全くわからない。しかし、門前の小僧なんとやらで、設計資料を読み進めるうちになんとなく、RISCというプロセッサの目指すものがわかりだした。授業も、そのRISCプロセッサを中心にいくつか聴講した。興味深かったのは、ハードウェアの機能検証をプログラミングで行うという考え方であった。講義で出る宿題もほとんどがプログラミングで、やり方がわからないところはクラスにいるTA（Teaching Assistant＝学生のバイト）にいろいろ教えてもらった。プログラミングが比較的得意だったということが幸いした。日本と異なり、異国の人を容易に受けて入れてくれるアメリカのその寛容さが、たまらなく心地よかった。ここでは、他人と違うということは、なにも特異な存在ではなく、ごく自然なことであることを知った。

スタンフォード大学の本屋には興味深い本がたくさん並んでいた。会社から補助があることもあり、しこたま買い込んで読んだ。中でも、高速メモリシステム関連の本は面白く、今まで部品としてしか見てこなかった「メモリ」が、実際のシステムでどのように使われているかがよく理解できた。日本には、まだこのような本はなかった。当時、日本国内はメールが全く整備されておらず、ときどき日本からの訪問者がある

くらいで、会社からの指示は皆無だった。元所属していたグループから送られてくる分厚い「週報（週間報告書）」も、渡米直後こそ自分のやり残した仕事の進捗が気になって目を通したが、やがて、ゴミ箱直行となった。

とある日、ダットン教授から代講を依頼された。出張するのでBi-CMOSの講義をやってくれというものである。当時はそれほどBi-CMOS熱が高かった。当日講義室にゆくとビデオカメラ担当のスタッフが待っていて、ダットン教授ただ一人の前で、1コマ分の講義を行った。途中、ダットン教授が、私の説明したデータについていろいろ質問してきたのには驚いた。しどろもどろの議論の風景がビデオに残っていると思うと気恥ずかしい。アメリカでは授業料を払っている学生に対して「休講」は許されず、教授が出張などで不在の場合は、このような形でビデオ放映するのが通例だそうである。ヒューレット・パッカード社からも講演を頼まれた。このとき、モル（半導体の教科書にも載っている"エバース・モルのモデル"を発案された方）さんにも、聴講いただき、昼食もご一緒させていただいた。初の海外出張から6年、良い仕事をすることがいかに大切かを改めて感じた。

9月に入って、アドバイザーのホロヴィッツ准教授との3回目の面談中、「"ワン・チップ・テスタ"というLSIで各種のLSIを評価する」というアイデアを口にした。自信があったわけではない。英語での会話が続かなかったための窮余の策で、頭に浮かんだことは何でも口に出すことにしていた。各種のLSIの機能はテスタという高価な専用装置で評価するのが一般的で、「高価なLSIテスタと同じような機能を持つテスタなどLSIでできるはずがない。奇想天外だ」と一笑に付されるものと覚悟していた。ところが、案に相違してホロヴィッツ准教授は、「私も同じことを考えていた。面白いからやってみなさい」という。思いがけない返答に、私もさらに調子に乗って、ホロヴィッツ研のプロセッサに採用されているパイプライン技術を使いたい、さらに、ダブ

ル・データレート（DDR）という技術も使ってみたいと申し出た。このDDR技術とは、通常ひとつのクロックでひとつの動作しかしないところ、二つの動作をさせるというもので、後日高速DRAM動作の基本となるアイデアである。すると、先生はさらに「面白い」と言って快く賛同してくれた。人間ほめられれば嬉しい。私のワン・チップ・テスタのアイデアはホロヴィッツ准教授との会話でどんどん膨らんでゆき、実際に試作してみたらどうかというところまで話が進んだ。娘の小学校でも感じていたことだが、アメリカは、「ほめる文化」が根付いている。このような文化が豊かなアメリカ社会の礎となり、自己実現の原動力となっている。人を育てる最高の環境であるとしみじみ思った。

　ここでの会話が発端となり、私は、大学での研究内容をプロセッサからワン・チップ・テスタ開発へと舵をきった。設計用のコンピュータ上に、頭にあるシステムを落としていった。このLSIの肝は、メモリと入出力回路、そしてそれらの制御回路である。メモリの設計は経験済み、LSIの設計は得意である。設計用コンピュータは面白いように頭の中のイメージを具現化してくれた。カリフォルニア大学バークレー校（UCB）で開発されたというレイアウトソフトは使い勝手がよかった。ホロヴィッツ准教授が博士課程当時に開発した論理回路シミュレータは、考えられないほど莫大な数の回路を高速にシミュレーションしてくれた。東芝時代、設計していて、こんなソフトがあったらよいのにと思った、まさにその通りのソフトであった。コンピュータでLSIのレイアウトを描いては、回路を抽出し、それを論理回路シミュレータにかけて動作検証する。毎日、毎日、これの繰り返しである。しかし、飽きるということはなかった。朝暗いうちから起きてバスで大学に行き、夜遅くまで設計用コンピュータと格闘する。夜は、大学の自販機でカップヌードル。おかげで、バスの運転手とは顔見知りになり、バス停ではなく、私のアパート近くで降ろしてくれるようになった。ホロヴィッツ准教授がつくった論理回路シミュレータはまだ開発途中で、ときどきバグ

にも遭遇した。問題が起きると先生に電話をかける。すると、昼夜を問わず車で設計室にかけつけてきてくれて、なんやら、キーボードをたたいては、解決していってくれた。

　頭痛の種は、12月、ワシントンDCで行われるIEDMでのパネル討論において、Bi-CMOS技術の代表としてパネリストを務めないといけないことであった。パネリスト6人中で唯一の日本人。学会発表経験もないまま、いきなりパネリストとは！　英語も若干慣れたとはいえ、とてもネイティブと伍して議論するレベルではない。経験あるとおぼしき人にパネルディスカッションで何をどう話したらよいのか聞きまくったが、要領を得た回答はもらえなかった。それでも学会会場では以前出張したときよりは、だいぶ心の余裕があった。夜もしっかりと眠ることができ、パネリストとしてBi-CMOSのプレゼンテーションは無難に終えた。しかし、後半、議論になったときは最悪であった。なんとか回答できそうな質問も、頭の中で英語にまとめている間に他の欧米人のパネリストに言われてしまう。会場からの質問などで話題が急に変わったときには全くついていけない。結局、一言も発せずに終わった。ホテルの自室に帰り、ベッドに寝そべって、パネル討論の光景を思い起こしながら、つくづく自分がいやになった。パネリストなぞ引き受けるのではなかった。まだまだ、議論できるほどの語学力はついていない……。自分の無力さを思い知り、情けなくなった。しかし、とにもかくにも終わったのだと、頭を切り替えることにした。

　その後の会社生活において、私は、ISSCCなどの国際学会のコミティを務め、セッション・チェア、パネルのモデレータなども務めた。パネリストとしても6回招聘され、いつの間にか、言いたいことも口をついて出るようになった。そして、2001年、ISSCCでのパネル討論は最優秀賞にも選ばれた。が、当時は、将来こんな展開になるとは予想もしていなかった。

ISSCC2002にて受賞したパネルアワード

アメリカに長い正月休みはない。元旦を休んだだけで、ワン・チップ・テスタLSIの設計に邁進した。会社から要請されたアメリカ開催学会参加のスケジュールの合間を縫うように完成に向けひた走った。最後は、ホロヴィッツ准教授自ら本格的に設計検証を手伝ってくれた。6月下旬、設計が完了。そして、9月初め、MOSISから試作品10個が届いた。さっそく評価してみたが、全く動かない。「設計ミスしたか！ そうだとすれば、この10カ月の努力はなんだったのか」。リターンマッチはない。ISSCCの締め切りは9月20日。いろいろなことを試してもうまくゆかず、毎日毎日、もがき苦しみ、暗澹たる気分であった。しかし、こんな絶望的な状況の中、同時に試作されたホロヴィッツ研のRISCプロセッサも動いていないことを耳にした。どうやら、製造工程に問題があることも聞こえてきた。MOSISは試作を手配する機関で、実際の試作は半導体メーカーに依頼している。次の試作品はヒューレット・パッカード社製だから大丈夫そうだという噂も聞こえてきた。

9月中旬、届けられたヒューレット・パッカード社製の試作品は、ものの見事に動作した。スピードは若干自分の予測より遅かったが、それでも、嬉しかった。なんとか、ISSCC用の論文を完成させ、無事投稿することができた。

私をスタンフォード大学に紹介して

試作に成功したワン・チップ・テスタLSI（Data Generator and Receiver）

くれた西部長は、私が留学した1985年の秋、突然、東芝を退職され、ヒューレット・パッカードの研究所の所長に就任された。実は西部長とは、留学期間について約束していたことがあった。「留学期間は最長で1年半。しかし、中には研究テーマが決まらず、また、アメリカ生活にもなじめず、ハッピーでない人もいた。したがって、とりあえず、君の滞在期間は1年2カ月にしておく。もし、研究が軌道に乗っていて延長したかったら申し出てほしい」。まあ、そんなものかと思っていたので了承した。1年2カ月ということになれば、9月末には日本に帰らなければならないが、西部長が約束してくれたのだから、1月までは固いだろうと考えていた。ところが、後任の尾澤部長から突然の国際電話がかかってきたのは7月に入って間もなくであった。「約束通り、1年2カ月。9月末で帰ってこい。Bi-CMOSを用いた高速メモリを開発することになった。君の開発経験が必要だ」「でも、西部長との話では1年半ということになっています」「そんなことは聞いていない!」「え!」……延々、1時間半も話したがらちがあかない。こんなやりとりが何回もあったあと、「スタンフォード大への研究費は出せない!」と言われてしまった。やむを得ないので、ホロヴィッツ准教授に頼み込み、大学への研究費支払いは免除する旨、手紙を書いてもらった。

ワン・チップ・テスタは動いたには動いたが、目標の性能には達していない。性能向上を目指した第二世代の設計が進められていたが、その試作品の上がりは9月末には到底間に合わなかった。何回かの国際電話でのやりとりの後、尾澤部長は、延長分の研究費をタダにしたという私の努力を認めてくれて、2カ月の延長、すなわち11月末までの滞在は認めてくれた。

10月に入り、東芝のISSCCの委員を務めていた方から自宅に電話が入った。ISSCCにワン・チップ・テスタLSIの論文が採択されたとのこと。私が、筆頭著者(ファースト・オーサー)で、ホロヴィッツ准教授と連名での論文が世に出る。これで、私の留学は自他と共に意味があった……と思った。念願の

ひとつが、かなった。

　早速、この旨を尾澤部長に連絡して、本来の1月末、さらに欲をいえば、ISSCCの発表が終わる2月まで滞在したいと伝えた。それほど仕事は順調で、家族もアメリカ生活に馴染んでいた。ところが、尾澤部長は、11月末帰国を譲らなかった。ここで、私は、東芝本社の人事部長に直訴状を書くという、とんでもない行動に出た。それは、「私はスタンフォードに留学して、これだけの研究をやり、ISSCCという半導体のオリンピックと言われる難関学会にも論文が採択された。それなのに、代わったばかりで事情も知らない、わからず屋の尾澤部長が帰って来いと言っている。留学期間は、前部長との約束で当初から1年半となっていた……」。このとき、人事部は当然私の見解に理解を示すはずと思っていた。後になって冷静に振り返ってみれば、私は会社から全く遊離してしまっていた。次の日、尾澤部長から国際電話があった。「おいおまえ、いったい何をやらかしたのだ。これで、延長の話は一切なくなった。12月1日、出社しなければクビだ!」。こうして、私の帰国日は決まってしまった。「高速メモリ開発のための陣容が決まったらしい。さていったいどう設計していこうか」。帰国の飛行機の中でそんなことばかりを考えていた。

　なお、私の発案したワン・チップ・テスタの研究は、その後もホロヴィッツ研で引き継がれ、特にそこで用いられたDDR技術は、後述するランバス社において思いもよらない展開をみせることになる。

~東芝、スタンフォード、そしてサムスン電子~

5
フラッシュメモリとの出会い

　異文化圏に放り込まれたとき、人はカルチャーショックに襲われるという。しかし、それより、異文化圏から戻ってきたときの、逆カルチャーショックの方が実はその何倍も衝撃が大きい。
　1986 年 12 月 1 日、朝一に出社してきた私を、飯塚課長は席に呼んだ。「EPROM の設計をやってほしい」「え！」。EPROM は、飯塚課長が担当した SRAM や、当時、時代を謳歌して華々しく事業展開している DRAM とは全く異なり、全く目立たない存在であった。高速メモリの設計は、私の発案した Bi-CMOS 技術を用い、優秀な若手を集め、すでに進められていたのだ。会社が一個人のスケジュールに合わせてプロジェクトを発進するなんてことはない。EPROM をやれと言われて、一瞬戸惑ったが、とりあえず 1 年 4 カ月も遊ばせていただいたという思いがあり、最初は正直腰掛仕事のつもりで引き受けた。しかし、開発メンバーの個性を反映したファミリー的な雰囲気に魅了され、なんとかこのチームに貢献したいと思うようになっていった。1987 年、第三メモリ設計課が誕生した。SRAM が第一メモリ、DRAM が第二メモリ、後にフラッシュメモリと命名されることになる EPROM は第三ということである。
　私は、次世代の 4MbitEPROM 品の開発を担当していた。前世代の 1MbiEPROM 品はトラブルに次ぐトラブル、皆の気がそちらにいっている間に、私は、4Mbit 品をさっさと仕上げてしまった。目玉は、1Mbit 品で問題になっていた性能問題を、私が発案したユニークな回路構成で解決したことである。一発目の試作で完璧に動作し、あっという間に製品化された。入社後 13 年、初めて会社の売上に貢献した。この

開発を通じて、メモリ事業部の面々との繋がりができた。学会発表と製品開発の大きな違いは、前者は、良い点がひとつでもあれば悪い点はいくつあってもよいが、後者は、良い点はほとんどなくともよいが、悪い点はひとつでもあったらダメということである。4Mbit 製品化以前は、トラブルが生じると、設計が悪い、デバイス開発が悪い、ワークス・ラボが悪い、事業部が悪いなど、喧々諤々の論争をしていたが、次世代デバイス開発が順調にいったこの世代あたりから、良好な関係になってきた。若い優秀なメンバーとの仕事は楽しかった。論文も若手に書いてもらった。4MbitEPROM の余勢をかって、16Mbit 品の設計に取り組み、これも一回目の試作で完璧に動作し、そのまま製品化された。

　16MbitEPROM は世界で初めて製品化に成功したが、残念ながら市場がなかった。EPROM はパソコンをはじめとする電子機器には、なくてはならない部品であるが、こんなに大容量は必要なかった。大容量のEPROM は、ゲームのプログラム開発にも用いられていたが、プログラムが固まった量産時には、より安価な記憶媒体に置き換えられる宿命にあった。結果、価格が1個1万円と高いこともあり、月1,000個程度しか売れなかった。日経エレクトロニクスという業界誌に、任天堂のゲーム開発風景の写真が掲載されていて、その片隅に、開発用に使ったのであろう、私の設計した 16MbitEPROM が写っていた。こんなささやかな自己満足を得るのがせいぜいであった。

　この頃、本社研究所では舛岡主幹を中心にNAND型フラッシュメモリの開発がスタートしていた。また、インテルからは、EPROM を変形した NOR 型フラッシュメモリが製品化され、EPROM 市場を侵食し始めていた。世はまさにフラッシュメモリ時代の夜明け前であった。

　1992年3月、尾澤部長は大分工場に転出された。ある日、後任の篠崎部長から突然呼ばれ、「4月から第三メモリ設計課の課長をやってもらう」と言われた。篠崎部長は、入社時半導体の手ほどきをうけた方で、部消滅後、西部長とともに「栄光の東芝1MbitDRAM」を築い

た方である。実は、1MbitDRAM 開発において、本社研究所と事業部は、従来の MOS 技術を用いての開発に着手し、ワークス・ラボは新しく CMOS 技術を導入しての開発に着手し、お互い製品レベルまで張り合い続けた。意識してこうしたわけではないが、東芝としては前例のない同一製品の並行開発となった。結局、ワークス・ラボが導入した CMOS 技術を用いたデバイスが勝り、競合他社がすべて MOS 技術を踏襲したため、東芝の圧勝となり、多大な利益を上げられた。しかし、社内にはしこりが残っていた。NAND 型フラッシュメモリは、舛岡主幹がその将来性を見込んで声高に叫んでおられたが、今までのメモリではやったことがない動作方式に EPROM 担当者は相当な疑問をもっていた。このため開発は、本社研究所と事業部の一部で行われていたが、本来ならこの間にワークス・ラボが加わるはずである。そこで、篠崎部長が参画宣言をしたのだが、笛吹けど踊らず、デバイス部隊も設計部隊もいまひとつのりが悪く傍目にもうまくいっているとは思えない状況であった。こんな微妙なところでもあったので、思わず「NAND 型フラッシュメモリもマネージするのですか？」と聞いたところ、「当然だ」との答えが返ってきた。私としては、技術論や筋論は別として、本社研究所と、ワークス・ラボに組織的に分かれて対立してしまっているという、どちらかと言うと「政治的」な側面からあまり関与したくなかった。しかし、こうなると第三メモリ設計課長として、NAND 型フラッシュメモリと NOR 型フラッシュメモリの両方の設計をマネージせざるを得ない。NOR 型フラッシュメモリは、従来の EPROM 開発チームを主体として構成し、NAND 型フラッシュメモリは、舛岡部隊から技術者を数名引き取り、EPROM を開発していたメンバーの一部も参画させ、次世代 32Mbit 品の開発を進めることになった。

　当初、NAND 型については、「マネージメントするだけ」と思っていたが、報告書などを読むとどうしてもその技術に、興味が沸いてくる。ある日、「ビット毎ベリファイ」という言葉が妙に気になり、部下

にその意味を尋ねた。原理は理解できたが、前世代まで使っていた回路にはどうも納得がゆかず、もっと良い回路があるのではないかという考えが頭にこびりつき離れなくなった。帰宅途中の満員電車に揺られている中で、突然、ひとつのアイデアが頭に浮かび、頭の中で回路をこねくり回し始めた。家に帰って、夕食も食べずにまっすぐ机に向かい、ああでもない、こうでもないと頭に浮かんでくる回路を次々と広告紙の裏に書きなぐっていった。しばらくすると、すっきりとシンプルな回路が描けた。後々、NAND型フラッシュメモリの回路として標準的に使用されることになる「強制反転型センスアンプ」の誕生であった。さっそく、部下に話すと、良さそうだが、回路が適切な大きさに収まらないという。そこで、またしばらくああでもない、こうでもないとこねくり回していたら、ある瞬間にすっと収まった。また、部下を呼び「収まるじゃないか」と言うと、今度は「検討してみます」と言って持ち帰って行った。結局、この回路は、32MbitNAND型フラッシュメモリで採用になる。試作段階に入り、いよいよ明日試作品ができあがるという前の夜は胸が高鳴って全く眠れなかった。これは、世界初の64Kbit Bi-CMOS試作上がりの前夜でも経験しなかったことである。この回路は無事動作をしてくれ、以降、次世代64Mbit品、次々世代の256Mbit品と使われてゆくことなる。

　製品採用が決まると、知的財産部門も力が入ってくる。優秀な若手を担当として送り込んできた。A4で、3ページにすぎなかった私の特許明細書を、私の意見を聞きながら、ああでもないこうでもないといじくりまわし、いつの間にか厚さ1cmもの特許提案書に仕上げてしまった。また、アメリカのUSP（US Patent）も取得してくれた。私の発案した回路は、まずサムスン電子が採用してくれ、これに追随した各フラッシュメーカーも採用してくれた。彼は、それらの会社との特許交渉にも赴き、「お茶をぶっかけられながらも（本人談）」、莫大なライセンス料を勝ち取ってきた。そのため、後年、私は会社から特許補償料を受け取

～東芝、スタンフォード、そしてサムスン電子～

USP（United States Patent）の表紙

れることになった。多くの製品に自分の技術が生かされ、その製品を通じて社会貢献が果たせたことは、技術者にとってこの上ない喜びである。技術者は皆、信念を持って研究開発に没頭している。しかし、確かな（価値ある）製品として日の目を見るのはごく一部。多くのリソースを費やしても世の中がそれを求めているかどうかのタイミングも大事である。このような好機に恵まれたことは大変幸運なことであった。

6
共同開発

　NAND型フラッシュメモリの開発の歴史において、特筆すべき出来事は、サムスン電子との64Mbit品の共同設計であろう。1992年夏、篠崎部長は、IBM、シーメンスとの256MbitDRAM、3社共同開発のプロジェクトマネージャとしてアメリカに赴任され、後任としてメモリ事業部から遠藤部長が着任されてきた。遠藤部長は、新入社員の教育係をされていたので入社時から知っていた。研究所出身らしく、温厚で、しかも、デバイス開発出身であったので、フラッシュメモリの設計については、全面的に私を信頼し、任せてくれた。32Mbit品の設計が、設計者不足で遅れに遅れたときも、「時間がかかるものは、かかるんだ」とかばってくれた。こんな言葉に、何度精神的に救われたかわからない。上長はこうであらねばならないと教えてくれた人である。

1994年、その遠藤部長からサムスン電子との共同開発の話があると聞かされた。サムスン電子は、早くからNAND型フラッシュメモリに着目しており、16Mbit品世代で東芝から仕様だけライセンスを受け、製品は独自開発していた。持ち前のハングリー精神で技術はともかく、とりあえず、製品化一歩手前のようなチップをすさまじい勢いで設計・試作し、いち早く学会発表してしまうという驚異的な存在であった。ようやく、デジタルカメラ市場でのNAND型フラッシュメモリ応用の萌芽がみられてきた頃ではあったが、その小さい市場を東芝と激しく取りあっていた。当時、フラッシュメモリといえば、EPROMの置換を進めていたインテルのNOR型フラッシュメモリ全盛の時代で、フラッシュメモリのシェアで90％以上を握っていた。片や、NAND型フラッシュメモリは、サムスン製品と東芝製品の互換性に欠けており、製品を取り代えるとシステムが動作しなくなるというクレームが絶えなかった。すなわち、仕様書は同じだが、そこに書かれていない、細かな特性（裏仕様）が微妙に違っていた。実は、コストダウンのためNAND型フラッシュメモリは今までのメモリより動作が複雑になっており、裏仕様も多かった。加えて、折からのDRAM事業集中で、フラッシュメモリに関われる技術者の人員は極端に不足していて、32Mbit品の開発は遅れに遅れていた。サムスン電子も事情は同じ。このため、何回か、両社による共同設計に向けた会議を行ったが、話がまとまらなかった。そんなとき、遠藤部長と共に、メモリ事業部長によばれ、「韓国に行って、やらしてくれと、頭を下げてこい」と言われてしまった。
　こうして、デバイス開発は両社とも独自に行うこととし、設計のみ共同で行うことが決まった。そして、設計担当だった私は、このプロジェクトのリーダーとなった。1995年、共同設計場所は東芝の半導体システムセンターに決まり、サムスン電子の技術者が、駐在することが決まった。私は、ホスト役のプロジェクトリーダーとして、費用分担、リソース分担、契約条項の詰め、社内にあっては総務との調整、設計環境

フラッシュメモリ共同開発参画メンバー

の整備に奔走した。特に、サムスン電子には何か見せたらマネされるというアレルギーがあり、総務部から、「食堂での昼食も、一般従業員が利用する正午前に済ましてくれ」と言われた。

　サムスン電子の人は、上司を立てる。本音はわからないが、「上の考えは私の考え」が口癖。そのためか、進捗会議での私の意見を尊重してくれた。まず、一緒にやってみて、サムスン電子が学会発表した64MbitNAND型フラッシュメモリの完成度が非常に低いことがわかった。このため、設計検証を徹底的にやり直すことを指示した。一度は試作まで行ったサムスン品にダメ出しをしたことになるので、相当の抵抗を予想していたが、「宮本さんが言うのだから」とやってくれた。結果、多くの不具合を発見することができた。サムスン電子の設計者は、ひたむきに一生懸命仕事をする、設計スピードを重視する。反面、基礎的なところがわかっていなかった。回路動作をシミュレーションするためのモデルも、我々が一目見ればおかしいことがわかるのに、おかしいと思わない。必死に「日本に追いつけ追い越せ」をやってきたためであろうと思った。

　私のマネージメント面での相手は、イム・ヒュンギュ（林亨圭）理事。エネルギッシュで、政治力があり、マネージメント・ミーティングで何か問題が生ずると、感情もあらわに「本国に帰ってトップ・マネージメントと相談する！」と言って席を立とうとする。フロリダ大学に留学経験あり英語は堪能。非常に熱意をもって開発に取り組んでくれ、サムスン電子の駐在技術者には大声で叱咤激励していた（もちろん韓国語なので、何と言っていたかは、後からサムスン電子の技術者に聞くしかな

い)。当初、すでに製品レベルのチップの写真を学会発表していたため、サムスン電子のマーケティング部門からは、「共同設計ではなく技術供与だ」と揶揄されたが、学会発表時の試作品の中身は、実はボロボロで、イム理事も最後の頃には、「共同設計して本当に良かった。東芝から技術的に学ぶ点が多かった」と、こちらの技術力を認めてくれた。進捗フォロー会議は日本と韓国の交互に行われた。韓国のフラッシュメモリ技術リーダーのソ・ガンドク（徐康徳）は、いかにも技術者タイプの純朴で真面目そうな人であった。「技術者と試作場所が全部DRAMにとられて苦しい、私は、ソウル大学出身なのにフラッシュメモリをやっているため出世が遅れている」とこぼしていた。まあ、「私も同じようなものだよ」と、お互いになぐさめあっていた。

　数年後、このソ・ガンドクが専務に昇進し、サムスンフェロー（当時、サムスン電子において発足した制度で、技術的に秀でた人が年に2人選ばれる）になることを知った。このとき私も、技師長になっていたが、不遇なときを共に耐えてきた仲だっただけに、我が事のように嬉しかった。インターネットでみるソ専務は、当時の面影は消えてふくよかになり、全身から自信が漲っているように見えた。ある日、サムスン電子から私にインタビューの申し込みが来た。予定した時間に待っていると、受付から電話があり、ビデオカメラを持った人が来ていると言う。驚いて事情を聞くと、サムスンフェローになると盛大な就任式典があり、そこで、その人を知る人のメッセージがビデオで流れるという。応接室で録画取りが始まった。まあ、競合会社なので、あたりさわりのないコメントをしたら、もっとソ専務の業績を強調してくれと言われ、何回か取り直した後ようやくOKが出た。どう翻訳されたか知りたかったので、何回も業者に問い合わせたが、結局そのビデオテープはもらえなかった。このようなビデオがどう流されるのか、サムスン電子入社後の経営現況説明会に参加してわかった。大ホールの正面にある大スクリーンに、

アップル、グーグル、IBM など様々な顧客の役員クラスがサムスンを応援するメッセージを語り、その韓国語のテロップも流されていたからである。プレゼンテーションもカラフルで、バックグラウンド・ミュージックなどの効果音が流れ、すべてが派手に演出されていた。ソ・ガンドクは、その後、私がサムスンで所属することになるフラッシュ開発室の室長に就任した。しかし、私の入社直前に退職し、水原(スウォン)の成均館大学の教授に転出していった。彼に再会したのは、私がサムスンを退職することが決まった 2011 年暮れのことである。

マネージメントでのカウンタパートであったイム・ヒュンギュともサムスン電子に入社後、会食の機会を得、昔話に花が咲いた。彼はこの共同開発以後、私も携わったランバス DRAM（後述）開発に関与し、その後、システム LSI 事業部長に転身、テレビに搭載されるチップセットなどを開発・製造して事業に貢献し、「社長」（サムスン本社研究所の所長）になり、新規ビジネスの立ち上げを担っていた。

64Mbit 品共同開発が成功裏のうちに終了したので、次世代 256Mbit 品共同設計の話も出たが、コストダウンの戦略において顕著な違いが出た。このため、回路や裏仕様を統一したことで、当初の目的は一応達成したので、袂を分かつことにした。以降、NAND 型フラッシュメモリ市場において、サムスン電子は東芝の最も手ごわい競争相手となり、お互い切磋琢磨しながら市場を切り拓いてゆくことになる。

上司の遠藤部長は、このサムスン電子との共同設計が開始される頃体調を崩された。私は、開発部隊への復帰が絶望的になった遠藤部長の後任として、尾澤所長（半導体技術研究所）から部長に指名された。複雑な心境であった。

1996 年以前、ハードディスク・ドライブ代替を夢見た NAND 型フラッシュメモリは、ハードディスク・ドライブの価格が急激に下がったため、市場が雲散霧消してしまった。このため売上は地をはうような状

況にあった。インテルのNOR型フラッシュメモリはすでにEPROM代替としての確固たる地位を確立しており、仕様の全く異なるNAND型フラッシュメモリの入り込む余地はなかった。わずかに、デジタルカメラの用途は見え始めてはいたが、ハードディスク・ドライブの単価を横目で見ている顧客からの価格要求は厳しく、どうがんばっても売った分だけ赤字にしかならなかった。凋落兆候が見え始めたとはいえ、メモリといえばDRAMの時代である。中期計画会議の席上、居並ぶトップの前で、DRAM担当の部長連中から、「フラッシュフラッシュとかなりのリソースを投入し力を入れているにもかかわらず、これだけの技術者しかいないDRAMの売上げに全然及ばないとはどういうことか！」と、痛いところをつかれてしまった。会社には儲かると言わなければならない。事業計画には、「来期は伸びる、来期こそブレークする」と毎期、毎期書いた。それでも、何年もそうはならなかった。「何回、嘘をついたら気が済むんだ」と怒られたこともある。しかしそれが、全社の意思とならないところが、東芝の東芝たる所以で、開発人数こそ増えなかったが開発中止の命はついに下らなかった。トップにも、フラッシュメモリは東芝オリジナル技術だという気概があったのかもしれない。

　NAND型フラッシュメモリが育ったのは、様々な人の、様々なアイデアによる二の矢、三の矢があった。結果的に、私の課長就任当時のNAND型フラッシュメモリに対する印象は全くの"はずれ"で、実は「素性がよかった」。市場はあまりない状態でも、技術開発は手を抜かなかった。大容量品を開発すれば必ず売れるという、マーケティング部門からの叱咤激励もあり、次世代の大容量品を次々と開発していった。何より、次から次へと、新しい課題が出てきて、それらを解決するアイデアが湧き出てくるのが面白かった。2000年に入り、NAND型フラッシュメモリ市場がブレークし、それまで半期で50億円程度に過ぎなかった売上が、いきなり300億規模になった。引き金はインターネットの驚異の発達により、デジタル画像をメールに添付して配信した

り、ホームページなどにアップすることが、普通に行われるようになってきたためである。パソコンなどの電子機器同士でデータ交換するためのUSBメモリやメモリカードの需要が一気に増えるなど、デジタル化という世の中のパラダイム・シフトが起こり始めていた。

7 ランバス社

　スタンフォード大で開発したワン・チップ・テスタLSIで採用したDDR技術には後日談がある。恩師、ホロヴィッツ教授（このときには、テニアを獲得し教授に昇格）は、1990年、シリコン・ヴァレーに、このDDR技術を発展させ、次世代の超高速DRAMに適用する技術をライセンスするランバス社を設立した。1996年、私はメモリ設計技術開発部の部長として、このランバスDRAMもマネージすることになった。東芝は設立当初からランバス社と親密な関係をもち、ランバスDRAMを開発していた。次世代超高速DRAMの仕様としては、同じDDR技術を用いたシンクロナスDRAMが提案されていた。東芝としては、できれば市場が大きくなる仕様のDRAMに開発を集中したいが、それが、シンクロナスになるのか、ランバスになるのか、皆目わからなかった。ランバス社は様々な人脈を通じて、インテル社に対して、ランバスDRAMを次世代のパソコンの主記憶として採用すべきと働きかけていた。これが奏功し、1996年末、インテルはついにランバスDRAMを次世代パソコンの主記憶に採用すると公表した。インテル社の発表を受け、ランバス社は攻勢に出て来る。DRAM製造各社に高額の特許ライセンス料を要求してきた。設立当初から親密な関係を構築してきたと思って

いた東芝も例外ではなかった。どんな特許を盾にランバス社がライセンス料を要求してきたかわからないが、元はといえば、私が留学時にホロヴィッツ教授に提案したDDR技術である。特許提案はしていなかったが、公知例（特許出願前にすでに論文などで発表済の技術）も存在するかもしれない。少しは、私のアイデアも入っているのかもしれない。先生には悪いが、留学時代の論文をかき集め「公知の事実」として「戦える」と思っていた。そしてそれが、ワークス・ラボとしての存在意義などと意気込んでいた。が、東芝の社長が、あっという間にライセンス契約にサインしてしまった。多くの半導体メーカーが逡巡している中での、いの一番であった。それを聞いた日本の会社も雪崩をうったように次々とランバス社と契約してしまい、肩透かしをくった思いであった。これが「経営判断」か、とも思った。特許訴訟は知財部門のリソースを消耗させるし、弁護士費用も高い。加えて、アメリカでの訴訟は判決が陪審員で決まるのでリスクが高い。特許的にどちらが正しいかどうかなど陪審員にわかるはずもない。また、提示されたすべての特許を回避するのは、ほとんどの場合困難である。高いライセンス料ではあるが、払うと決断して開発に専念し、事業で利益を上げた方が、結果的には得になる場合も多い。

　このインテルの発表を受け、ソニーの次世代ゲーム機、PSⅡ（プレイステーションⅡ）の主メモリにも、ランバスDRAMが使われることが決まった。こんな折、1997年暮れにマイクロン社のシンクロナスDRAMが手に入った。分解して解析するとチップサイズが異様に小さい。少々の電力増や、性能劣化には目をつぶり、ひたすらコストを下げることに注力していた。仕様的にも最も顧客の多い分野のみを狙い、他の仕様を要求している顧客は捨ててきた。性能、性能と叫んでいたインテル社もコストには抗えない。あっという間に、市場はシンクロナスになびいていった。インテルもマイクロンも一枚岩ではなかったのである。顧客は、表面上は性能を要求してくる。それはそれで、本気でそう思っ

ているのであるが、そこに、価格破壊を伴う製品が出てくると、そこに飛びついていってしまう。性能に関しては、顧客が金と労力を惜しまなければ、ほとんどの場合はシステム的になんとかなってしまうものである。そして、技術者は、まさにそういう目標を与えられれば、そこに邁進する生き物なのである。

インテル社はこうして方針転換できたが、PS Ⅱはそうはいかなかった。ランバス前提でシステム全体を設計し終わっていたためである。こうして、ランバスDRAMは主にソニーにのみ供給されることになり、ほぼそのためにだけランバスを開発することになった。しかし、PS Ⅱが大ヒットした上に、供給できるメーカーも限られていたため、利益をあげることができた。部品事業が成功するには、最終製品がどの程度売れるかということが最重要である。また、新仕様の製品で利益を上げられるようになるには、永い歳月がかかることを教えてくれた。

PS Ⅱに関しては、もう一度間接的な接点があった。メモリは、ある世代で開発した製品を、そのままの仕様で、次世代の製造工程に合わせて再設計し、チップサイズを小さくする。これをチップ・シュリンクと呼ぶ。シュリンク品は一度の試作でとれるチップ数が増えるので1個あたりの製造コストが下がる。結果、粗利が稼げる。しかし、チップ設計には通常製品と同程度の手間がかかる。マーケティング的にはシュリンク品は短期間で多品種ほしいが、開発サイドとしては、どうせ設計者の手をかけるなら、付加価値の高い新製品（大容量品、高速品、新仕様の製品。別名、母製品）の開発をやりたい。なんとか、このチップ・シュリンクを自動化して人手を省けないか？

1997年、こんな問題意識を持ちながら、ラスベガスで開催された設計自動化会議[*]に出張し、いろいろな会社のブースをまわってはLSI設計ソフトのデモを見学していた。その中に、オランダのサガンテック社の「ドリーム」というソフトがあり、これはメモリ用に開発したというふれこみであった。この種のデモは「天国を見せて、地獄を売る」と

いうことは知っていたが、帰国後もなんとなく気になっていたので、導入を決断した。ソフトメーカーは、設計ノウハウを知らない。次から次へと出るバグの修正はもちろん、設計ノウハウに基づいたソフトの細かい機能変更もしてもらわねば使い物にならない。導入したはいいが、結局、従来手法の方が労力も時間もかからずに完成度の高いものができたのではないか？ということになってしまう。しかし、新しいソフトを導入しないと、設計効率はいつまでたっても改善されない。ワークス・ラボのミッションは、新しい手法に挑戦することだと考えた。

サガンテック社の対応は非常によく、技術的な問題が生じると即刻本国から技術者が飛んできて対応してくれた。対応が良かったのは当然で、実は導入したのは全世界で私の部だけだったと、後になって日本の代理店から聞いた。結局、従来の設計手法と大差ない時間と労力を投入し設計が完了したものの、アナログ部分の動作マージンに問題があって製品化には至らなかった。課題を残してこのプロジェクトは終了した。ところが、いつの間にか、システムLSI事業部のPSⅡ用LSIの開発部隊が、私のプロジェクトに目をつけていて、このソフトを使いシュリンク品を開発し、製品化した。このLSIはデジタル動作のみなのでメモリのような問題は起こらない。他社もこの情報を聞きつけ、次々と「ドリーム」を導入していった。これにより、サガンテック社は大儲けしたらしい。火付け役となった私は、社長のハインさんから来日の際、あるいは私が訪欧した際、また学会でお会いした際など、手厚くもてなされた。日本の代理店とも良好な関係となり、設計ソフト業界情報も得やすくなった。

*）設計自動化会議（DAC：Design Automation Conference）LSIを効率的に設計するための手法を論議する学会。学会自身はかなりアカデミックだが、学会会場に隣接した広大なホールに、ソフトメーカーのブースが豪華絢爛に立ち並び、ブースをまわってめぼしいソフトをあさる人々が学会参加者以上に存在する。

〜東芝、スタンフォード、そしてサムスン電子〜

8
DRAM 事業撤退

　サムスン電子との共同開発が終了した頃から、DRAM を主体とするメモリ事業は韓国勢の攻勢を受け、苦境に入ってき始めた。これに伴い、16 年間も続き、業界にもハンギケンという名で親しまれていた半導体技術研究所もメモリ部門とシステム LSI 部門が分かれ、「デバイス技術研究所」「システム LSI 技術研究所」と名称が変更された。うまくいっているうちは、組織に手をつけないが、うまくいかなくなると組織をいじる。2000 年に入り、フラッシュメモリの売り上げは半期 300 億と急成長したが、それでもメモリ事業の屋台骨を支えているのは、1000 億円超売り上げている DRAM である。次世代の 256Mbit DRAM 開発を 3 社共同で行い、当時の売れ筋商品の 64Mbit DRAM も共同開発を行い、開発加速を狙ったが、いざ量産段階になるとコスト的に太刀打ちできなかった。このとき、私は、DRAM、SRAM、フラッシュメモリの次世代品設計を担当するメモリ設計開発技術部の部長になっていたが、DRAM の設計経験のない私は、DRAM の技術選択に関する大激論にも加わることができないでいた。

　「デバイス技術研究所」が、またも 4 年で名称変更され、「先端メモリ開発センター」となった。前任のセンター長が事業部に転出することになったため、私はこの後任に指名された。設計技術だけではなく、デバイス技術開発までも面倒をみろということである。ワークス・ラボの名称は、「半導体技術研究所」から諸々変遷してきたが、この歴代所長を務めてきたのはすべて、元デバイス技術者であり、私のような元設計技術者が就任するのは初めてあった。

　センター長になると、設計出身であろうとデバイス技術を理解しない

開発試作ラインのある新杉田のアドバンスト・マイクロエレクトロニクスセンター

と物事の判断ができない。が、幸いなことに半導体メモリに関しては、設計者といえどもデバイスを理解していないと設計ができないのでそれなりの知識と経験はあり、まあ、なんとかなるかと思っていた。開発試作ラインにある新杉田に移り、デバイス・プロセス技術者と会話を重ね、おかげで、デバイス技術の先にある、加工技術や製造設備までも理解できるようになった。

　DRAMは、まだメモリ事業部の主力製品であったので、今度は、富士通、台湾ウィンボンド社との3社DRAM共同開発が始まっていた。そのプロジェクト会議にも参加し、DRAMのおかれた状況と苦しさが、肌身をもって理解できてきた。そんな最中、2001年秋、岡村社長が突然、「DRAM事業撤退宣言」を公表した。赤字があまりに膨大で、東芝全体の屋台骨が傾きかけたからである。横浜のメモリ開発部隊については、配置転換、開発コスト削減と効率向上のための四日市工場への異動と矢継ぎ早の施策が打ち出された。個々の技術者を呼び出しては異動の説得にあたった。しかし、キーエンジニアは次々と会社を辞めていき、私の設計部長の後任と考えていた人物も会社を離れていった。

　折から、システムLSI事業は、PSⅡに用いられるLSIが好調で、会社はシステムLSI事業に舵を切り始めていた。メモリ事業部には伸長著しいフラッシュメモリがあった。しかし、売上規模が小さいためワークス・ラボの人間まで養う余力はない。ワークス・ラボのメモリ技術者は、好むと好まざるを得ず、システムLSI事業部門に異動していかざるをえなくなった。日本の半導体メーカーが、こぞってメモリ事業を捨て、システムLSI事業へと舵を切った時期である。これが、日本の半導体の凋落の原点であった。私は今思う。戦うべきところで戦わねば、

結局、追い詰められて殺されるばかりなのだ。「システム・オン・チップ」などと称し、新興勢力もまだ力が及んでいないシステムLSI事業に逃げ込めば助かると思ったのが大きな間違いだった。従来の半導体事業のやり方と大きく異なるシステムLSI事業のビジネス環境も全く理解できていなかった。隣の芝はいつも青く見える。横並びの大勢の人が考えていることが正しいわけではない。しかし、日本は「和」の世界、他社がやっていることと同じことをしないと糾弾される。

そんな中ご多分にもれず、翌2002年3月、「先端メモリ開発センター」は解消され、私は、新たにできる「SoC(システム・オン・チップ)研究開発センター」の副センター長を言い渡された。事実上の降格だと思った。このときの、メモリ事業部長、メモリ技師長も配転となった。センター長に就任して半年後の事業撤退。DRAMに関しては、自分の力量で物事が進んだという実感もない。しかし、「そのときの」組織のトップとしては、責任をとらなければいけないのが会社である。いまさら「システム・オン・チップ」などやる気はしなかった。初めて本気で会社を辞めようかと思った。しかし、それまで部下に配転や慰留の説得をしてきた者が会社を辞めてしまったらシャレにもならない。このとき、54歳。もう、役職定年である56歳がそこまで来ていた。新センター長から「宮本さん、役職定年の後はどうしますか？」などと言われた。自分の組織内で先の見えた部下の次のポジションを探すのは上司の役目である。私はそうしてきた。それもしてくれないということは、もう先はないということで、「これで私の会社人生は終わった」と思った。

その後、メモリ開発部隊の四日市異動話は、副社長の鶴の一声でなくなった。副社長の「すべてを腹に飲み込んで中止する」という言葉が胸に響いた。この気持ちは、それまでにあまり味わったことはなかった。会社にいると、部下にはもちろん言えないが、上司には愚痴りたいことがいろいろ出てくる。でも、それらすべてを自分の腹に飲み込んで何も言わないことが良いこともある。このときまで、私には、常に、言いた

いことを言い、聞いてもらえる上司がいたのだと思った。しかし、これ以降、上司はいるにはいたが、愚痴を言える人はいなくなった。

9 メモリ事業

　この頃から、デジタルカメラの伸長により市場からの引きがさらに強くなり、NAND型フラッシュメモリ時代幕開けの兆候が見えてきた。DRAM事業を撤退したメモリ事業部としては「これしか残っていない」と思って一丸となって製品開発、事業規模の拡大に邁進した。月次毎の売上、利益の事業伸長は、長くその開発に関与してきて塩漬け状態も味わった私にとってもささやかな楽しみであった。この急成長により、代わって間もないメモリ事業部長は、2004年6月の株主総会で、いきなり執行役員常務、セミコンダクター社社長に昇格した。メモリ技師長もメモリ事業部長に昇格した。とにもかくにも、予定外の出来事で、次期メモリ技師長と目されていた人物が海外赴任直後で、技師長職が突然空白となってしまい、DRAM撤退に伴いセンター長を降板した私にお鉢がまわってきた。役職定年の56歳までもう1年余しか残っていない、まさに、異例の人事であった。

　話はさかのぼるが、1995年9月末、10月1日付けで部長に任命した私を所長室に呼んで、尾澤半導体技術研究所長は、こう言った。

　(1) 部長というものは、信念で仕事をするものだ。
　(2) 結局、会社というものは儲かるか、儲からないかだ。その他のことはどうでも良い。
　(3) ところで、おまえ、ワークス・ラボの部長にまでなってしまって、

将来どうするつもりだ？
　思えば入社以来多数の上司にいろいろ教えられてきた。が、特に記憶に残る言葉を数々発せられたのは尾澤所長であった。これらの言葉は、フラッシュメモリの研究開発を行っていた課長の私には全く理解の範疇を超えていた。しかし、(1)は部長職になって実感できた。だから、信念で仕事をした。人の言うことをあまり信じなくなった。(3)は設計部長を5年過ごしてみてわかった。将来の私のポジションなんて用意されていなかった。が、考えてみれば、そんなものは会社生活でいつでもなかった。(2)は、29年間の研究開発人生から、最後1年残すところで、突然メモリ事業部の技師長として呼びだされたことでわかった。会社における真実を「言いえて味な言葉」であった。
　こうしてメモリ技師長に就任したわけだが、これが想像以上に激務であった。格からいえば、工場長、副センター長などと同格なので横滑りではあるが、メモリ事業部の技術全般を統括する立場にあるので、技術はもちろん、人事、研究費管理、各種プロジェクト進捗管理、他事業部との調整、来客対応、客先対応等々、「スケジュールがダブルブッキングすると、その後の再調整が苦しいから注意しろ」と言われたことがよくわかった。なるほど専任の秘書が必要なのだということもしみじみと理解できた。どんどんスケジュールが入ってくる。また、工場技術も管轄に入るため、それまでワークス・ラボ移転話で、たった1回しか行ったことがなかった四日市工場にも月3〜4回のペースで出張することになった。工場からみれば、メモリ技師長は工場長の格上のお客様らしく、来工すると歓待してくれた。このため、いままで面識がなかった工場のトップの方々とも知己になることができた。
　事業部は当然ながら事業で成り立っているので、ワークス・ラボとは価値観が全く異なる。次世代品を開発する中で、他社より一歩先んずるために新しいアイデアを創造することこそがワークス・ラボの使命であり、その成果が認められることが喜びである。一方、事業部では事業貢

献が唯一無二であり、それによって勝ち得た立身出世と報酬のアップとがすべてである。自分に対する評価への関心はワークス・ラボより高い。会社で認められなくとも、世の中で認められればよい、といった研究所的発想はない。従って、自ずと上下関係に鋭敏となる。コミュニティもワークス・ラボとは全く異なる。事業はひとつの判断ミスが命取りになるため、それぞれの人がもっている経験、情報、見識に基づき議論を戦わせて意思決定を行う。会社の成長のために、そして、自分の成長のために、どうするのがベストか、皆、必死で考えているのである。ある意味では人間の本性を赤裸々にあらわしているのかもしれない。そして、それは本性を「研究」というベールに包み「なんとなく優秀そう」などとグレーに人事が決まっていくワークス・ラボより、数字で出るためわかり易い。要は、尾澤所長がいみじくもおっしゃった「儲かるか儲からないか」である。

このように事業部は人間の本性に立脚しているため、人間関係と情報収集がいかに重要か、そして、それに伴う夜の飲み会がいかに重要かということも認識できた。事業部に移ってからは飲み会が急に増えた。元来、私は酒に弱く好きではない。29年間のワークス・ラボ生活では半年に1回程度の歓送迎会で飲む程度で、これ「幸い」と思っていた。しかし、こうなると週に2、3回、しかも、人を知り、会社の動き知り、人生を知る貴重な情報交換の場として、必要性すら感じるようになってきた。こんな生活を30年もやっていたら身体を壊してしまったかもしれなかった。ワークス・ラボ勤務でよかった。

すべてにとって良で、悪いことがひとつもないなどということなど世の中に存在しない。要はプラス・マイナスして結果がプラスと思ったら、その方向に進めということだ。マネージャーの責務は、会社における「最大多数の最大幸福」を求めることであって、「全員の幸福」ではない。それを求めて、マネージャーはタイムリーに「判断」していかなければならない。この判断が良かったかどうかは、時間の経過とともにだんだ

んとわかってくるが、過去に戻って「判断」をやり直すことはできない。マネージャーに残るのは「結果」のみである。過去のいろいろな事例を勉強し、ときに反省することも大切ではあるが、いざ「判断」する段になると、そのときの情報量と、その人の個性や直観が決め手となるような気がする。

　2004年3月から始まった「フラッシュメモリ特許訴訟」。東芝でフラッシュメモリの開発を推進され、思い半ばで東北大の教授に転出された舛岡教授が、特許法の職務発明条項を論拠に、「相当の対価」として10億円を求めて東芝を訴えた。これより2カ月前、青色発光ダイオードの職務発明訴訟で、東京地裁が、発明者のカリフォルニア大学サンタ・バーバラ校の中村修二教授に、「相当な対価」として、200億円を支払うよう命じた判決があったので、これに触発されたのかもしれない。たまたま、メモリ技術を統括する技師長の立場にあった私は、この裁判に深く関与することになり、東京地裁に足を運ばざるをえなくなった。結局、この裁判は、2006年7月、東芝が8,700万円の和解金を払うことで決着した[*]。

　これら高額補償を求める判決が出る前までの特許補償料は微々たるものであった。そこに何人名を連ねようが実益に大差はない。従って、よいアイデアが浮かぶと誰彼になく相談して、アドバイスや批判を受け、アイデアは膨らんでいった。そして、そのアイデアを膨らませてくれた人を連名にし、分担して特許を書いた。特許補償料が高額になるとそういう良き文化が失われてゆく可能性がある。連名者が増えれば増えるほど「分け前」が減るからである。できれば単独の方がよい。よいアイデアが浮かんでも誰にも話さず特許を書く。せっかく、よい発想をしながら、所詮一人の頭の中だけなので膨らまない。こんなことが起きていないか心配になる。

　2005年に入ってメモリ事業部長から、「東芝マイクロエレクトロニク

ス㈱というシステムLSI事業部傘下の関連会社にメモリ統括部を創設することになったので、その会社の倉本社長と相談しろ」と言われ、4月に、その会社の常務取締役に就くことになった。正直「余生」という言葉が頭をかすめた。これは、しかし、大きな間違いであったことにすぐ気が付いた。会社があれば社員がおり、皆各々その人生をかけて仕事をしている。皆自分の会社をよくしよう、自分を磨こうと努力している。それは東芝本体であろうが関連会社であろうが変わりはない。大船事業所で新設のメモリ統括部のメンバーに着任挨拶したとき、「よし、またがんばってみよう！」という気持ちがよみがえってきた。

　それまで、統括部は4つあり、いずれも150〜250名の陣容であったが、メモリ統括部を立ち上げたとき、メンバーは90名にすぎず、この会社ではメモリ事業はあくまでマイナーな存在であった。統括部長の職責は技師長職とよく似ていたが、損益責任を負っているところが若干異なる。こういう意味では事業部長とも言えるが、仕事上の顧客の大半は東芝のメモリ事業部であるので、責任という意味では本体の事業部長とは比較にならない。が、短いとはいえ技師長を務めた経験、ならびに人脈が役立った。メモリ事業部の弱点はよく見えていて、そこを補完するように努めた。

　事業的にはフラッシュメモリを中心にメモリ事業部は好調を維持、一方のシステムLSI事業部は喫水線を割った状態で赤字に苦しんでいた。そのため着任早々東芝のトップからシステムLSI事業からメモリ事業へ30人の人員異動が要請された。こうして、7月にメモリ統括部は120名となったが、流れはこれだけで止まらなかった。シフト人員のほとんどが設計者で占められていたため、デバイス技術者が不足してきたのである。この認識のもと、他の統括部からデバイス技術者を引き受け、かつ、設計者からデバイス技術への職種変更もお願いした。DRAM事業撤退時は、折からのシステム・オン・チップ旋風で設計者不足が叫ばれ、デバイス技術者には設計業務への職種変更をお願いしたことがあった。

職種変更を受け入れられないデバイス技術者は、退職金割増制度で会社を去ってしまっていた。今度はこの真逆である。

　10月に入って東芝は中途採用の実施に踏み切ることを決定し、関係会社でも中途採用が可能となった。6名の枠をもらったが、その全員をメモリ統括部に配属せよという指示であった。この結果、わずか1年もたたないうちに、メモリ統括部は設立時の1.5倍以上の150名の陣容になっていた。その後は、この人員をいかに戦力化するかという課題に立ち向かわねばならなくなった。

　東芝マイクロエレクトロニクスに在籍した3年間は、今までほとんど知らなかったシステムLSI事業について学ぶ良い機会になった。毎月、「社長月例」という各統括部の部長（役員）が、社長に対し事業状況を説明する会が開催されていた。システムLSIの各製品がどういう流れで開発されているか、また、システムLSI事業部が何を考え、どうしようとしているかが手に取るようにわかる。これらを通して、システムLSI事業が根本的に持っている問題点も理解できるようになってきた。要するに、品種が多すぎ、各品種の売上個数が驚くほど少ないということである。従って、技術が進展しても、手がかかりすぎるのでシュリンク品はできない。古い製品でも、顧客が要望する限り、わずかな個数だけ、古い装置を使ってつくり続けなければならない。大量に試作し、不良解析し原因を究明し、良品率を上げたい半導体産業においては致命的である。2001年当時のPSⅡ用LSIのように大量に売れる製品があればまだましであるが、一般にはそのようなヒット商品はめったにない。システムLSIが利益を出すためには、台湾のTSMCのようにプラットフォームを用意しておいて、それぞれの顧客が求める多種多様な製品をまとめて試作するような工夫をしないと事業として成立しないのではないかと思った。

　2008年も年が明けたころ、東芝のメモリ事業部が新会社を設立しようとしているという話が聞こえてきた。東芝マイクロエレクトロニクス

は、所詮システムLSI事業部の傘下にある。このようにフラッシュメモリ事業が好調になってきた以上、メモリ事業部は傘下の関連会社を持ちたいはずである。こうして、メモリ統括部を中心とした、200名弱の「東芝メモリシステムズ株式会社」が設立されることになった。私は、メモリ事業部長に呼ばれ、「新会社の設立リーダーになってくれ」と頼まれ、メモリ企画部長からも、「宮本さん、何があっても、完投して下さい」と言われた。この話を聞いた倉本社長は、「おかしいな。来年60歳になるおまえに社長の目はないはずなのに」と言われた。通例、設立リーダーが社長になる。設立リーダーは、設立過程で、会社規定、旧会社からの引き継ぎ事項、総務、人事、経理関係の運用システム、執務スペース、社長室の整備、行事等々、大きいことから、細かなことまで、判断事項が山のようにあり、それをタイムリーに処理していかなければならない。しかも、それらが会社設立後のベースになる。しかし、リーダーをやってくれと言われた以上、「社長になるんだ」と思ってやるしかない。中心になるのはメモリ統括部なので、判断したことに異議を唱える者もいなかったし、スタッフも積極的に非定常の仕事をこなしてくれた。周囲は、私が社長になるものと予想し、また、直接そのように言ってくる人もいた。

　結局、私は常務取締役を命じられた。社長はメモリとは無縁のシステムLSI事業部の技師長だった方が就任し、2008年7月、新会社がスタートした。大仕事をやり遂げた達成感からなのか、不思議と社長になれなかった口惜しさのような感情はなかった。むしろ、技術者として培った経験を集大成し、残された時間を後進の指導、育成に努めたいという思いでいた。

　　＊）『特許は会社のものか』渋谷高弘著　2005年　日本経済新聞社

~東芝、スタンフォード、そしてサムスン電子~

10

決 断

　アメリカのサブプライムから始まった「世界大不況」の波は連日報道され底が見えない。半導体も大不況。この1年近くメモリも供給過剰に伴う価格下落に見舞われていた。東芝の半導体事業は、3月期に大赤字を計上するらしい。こんな中、ヘッドハンター稼業も大変らしく、私の担当者はサムスンとの仲介役を降りてしまった。2月に入り、役員退任後の私の処遇は、お定まりの1年限りの非常勤嘱託と決まった。非常勤嘱託とは、「東芝はもう君を必要としない、1年は面倒をみるから、どことなく消えてくれ」ということである。これを聞いて自分の中で何かがふっきれた。

　そんな折、サムスン横浜研究所のイ・ジェヒョン部長から連絡があり、サムスン電子の人事部常務と技術担当常務が来日しているということで、食事に誘われた。技術担当常務は東北大の博士課程を修了し、日本語も英語も堪能なSRAMのデバイス技術者であった。SRAMの新型セル構造を発案し、学会で注目された経験を持っていた。私もBi-CMOS SRAMの開発経験を話し、技術談義に花が咲いた。人事部常務はイギリス留学経験があり、英語での会話になると、話が盛り上がってきた。面と向かったら裸で話すしかない。私の東芝において置かれた状況をすべてありのまま話した。その後、イ部長は幾度となく食事やゴルフに誘ってくれた。人事部常務からも丁寧なメールを何通もいただき、とにかく、こちらの気持ちが離れないように、気遣いをしている様子が見てとれた。

　あるとき、イ部長は、言った。
「サムスンに来られることになっても、東芝の機密情報は絶対に持っ

てきてはいけません」
　そして続けた。
「サムスンに入社した場合、リクルート目的で東芝の技術者と会ってはいけません」
　サムスン電子は私が想像していた以上に紳士的な会社に変貌していた。そして、その対応には誠意を感じた。少し、「サムスン電子」に気持ちが傾いた。その後、採用担当常務、フラッシュメモリのデバイス担当常務、設計担当常務とも会う機会があった。デバイスと設計の両常務は、私のことをよく知っていた。そういえば、学会で何度か顔をみかけたような気がする。
　東芝が戦力外通告をしてきた一方で、理由はよくわからないが、東芝で培った力を評価してくれている人がいる。東芝以外の会社を見てみたい気持ちも沸いてきた。東芝という会社は、世界標準なのだろうか？サムスン電子は厳しいかもしれない。不安はあるが、楽しみもないわけではなかった。
　そもそも東芝情報もリクルートも求めないで、サムスンは私にどんな役割を期待しているのだろうか。でも、大切なのは、家族の言うように、自分がどういう人生を生きたいのかということである。自分はやはり技術が好きな人間で、それを生きがいとしているということである。幸いにも苦労して立ち上げたフラッシュメモリが、ビジネスとして大きく伸長した。今後どういう展開をみせてゆくか、そして、技術の流れがどうなってゆくか見届けたいという思いがある。今のリーマンショックの影響を受けている世界情勢、及び、半導体の情勢を考えてみれば、サムスン電子以外に道はあり得ないことは、自明の理である。ならば、役割などどうでもよいのではないか？　マスコミでは、すぐセンセーショナルに「頭脳流出」とかいうが、そんな立派な「頭脳」を持っているとも思えない。そうこうするうちに、株主総会も終わり役員を退任した。そして、正式採用面接のため韓国に来るように言われた。13年ぶりの韓国

〜東芝、スタンフォード、そしてサムスン電子〜

スネ駅近辺、正面のロッテデパートの地下に駅がある

アパート外観

であった。

　帰国直後に、イ部長から連絡があり、夕食を御馳走になりながら、条件を提示された。後述のように、サムスン電子には「資格」と「役職」があるが、私の場合は、資格は専務、役職は顧問であった。また、アパート、車、運転手、お手伝いさん付きとのことで、その場でサムスン電子入社を決断した。家族には、「不況下の日本にあって、これ以上は望めない。方言は多少つくかもしれないが、九州の片田舎へ単身赴任するのと同じだ」と言って納得してもらった。

　住居については、単身赴任になるのでレストランが近くにあるところ、一人で動き回りたいので地下鉄の駅の近いところを希望し、江南、盆唐、水原などを下見させてもらったが、会社に比較的近く、それでいて都会的雰囲気のある盆唐の薮内駅近くのアパートにしてもらった。この盆唐というところは、ソウルと、サムスン電子のある器興や華城のちょうど中間地点にあり、1995年の共同開発時にミーティングのため訪韓し、高速1号線（京釜高速）を走っている時建設ラッシュに沸く現場を見た、その「新都市」であった。

　次に、新車を用意してくれた。運転手さんが毎朝7時にアパートまで迎えに来てくれ、退勤時はアパートまで送ってくれる。懇親会があるときはレストランへの送迎もしてくれた。韓国語だらけの看板でお目当てのレストランを探し出すのは至難の業であり有難かった。契約にあった、お手伝いさんの件は、「味噌汁くらいなら頼めばつくってくれる」とは言われたが断った。他人に煩雑に部屋に出入されるのがいやだったから

である。そのかわり、月1程度で室内の大掃除をしてもらうことにした。
　ここまでの待遇を与えて、いったいサムスン電子は私に何を期待しているのだろうか？　この疑問は、サムスン在職中、終始私の身につきまとい、そして最後まで解けることがなかった。

11 赴任

　2009年8月末、過去に区切りをつけ、韓国に腰を据えるつもりで金浦空港に降り立った。迎えに来てくれたイ・ジェヒョン部長の車に乗り込み、ぼんやりと車窓から夜の漢江を眺めていた。そのとき、イ部長が、「日本は和の国ですね。それに対し韓国は情の国です。共通点もあるけれど、違う点もたくさんあります」と言った。この言葉は、その後何かにつけ思いだされた。確かに、日本は「和」のため「情」を犠牲にすることがある。「和」を乱すことは、集団で最も嫌われることのひとつである。葬式でも、泣き叫んだりしない。じっと悲しみをこらえるのが美徳とされる。未曾有の大震災に見舞われたとき、犠牲者が気持ちを押し殺し、節度を守って、粛々と行動していたのには韓国人も驚嘆し賞賛していた。「日本人は素晴らしい」、そう言ってなぐさめてくれた人が何人もいた。が、韓国では、「情」を優先し、「和」を犠牲にすることもあるのだろう。私が韓国にいた2010年3月、黄海上で哨戒艦が爆発、沈没する事件が起こった。また、2010年11月には韓国の延坪島が北朝鮮の砲撃を受け（北朝鮮は自国の領土であると主張していて、単なる軍事演習と言っている）、韓国人の犠牲者が出た。これ以外にも、何か事件が起き、犠牲者が出ると、その家族が、泣き叫んだり、大声をあげて非難

サムスン電子正門。左方に通勤バスが見える

する姿がマスメディアによく写しだされていた。

韓国は儒教文化が根付いていて、年配者を敬う傾向がある。私は、日本においては席を譲られたことは一度もなかったが、韓国では何度もある。最初は躊躇していたが、サムスンの人から「席に座った方が良い」と言われ、以降「カムサハムニダ（ありがとう）」と言って座ることにした。私がつり革につかまって立っていたところ、向かい席の年配の方が、私の前の若者に何か注意している。そして、しばらくすると、その若者は私に席を譲ってくれたこともあった。

街はハングル文字で溢れかえっていた。ハングル文字は、15世紀に君臨した李氏朝鮮の第4代国王、世宗大王が、朝鮮語固有の発音にふさわしい文字体系をつくろうと学者に命じ、1443年に頒布されたもので、それまでは文字といえば中国から伝わった漢字しかなかった。現在では、韓国国内において、店の看板から食事のメニュー、広告に至るまで表記にはほとんど漢字は使われていない。サムスン電子のある役員から聞いた話によると、それでも、私が入社する2～3年前までは、社内資料に漢字が散見されていたらしい。しかし、私が入社したときには、漢字は完全に駆逐されていた。ただし、役員離任式や経営説明会などの大規模な会合の看板は漢字で書かれており、漢字はそれなりの「重み」をもっているのだと感じられた。

汝矣島にある世宗大王像

私が、こうしたハングルの話題に初めて触れ

たのは、入社日、メモリ事業部長と面談したときであった。事業部長は、かつて、私がPSⅡ用ランバスDRAM開発を担当していたとき、東芝との技術会議に来られたので、面識はあった。人間味あふれる魅力的な人物で、面談は韓国語の話に終始した。ハングルの母音は、それぞれ「天」「地」「人」を意味する「丨」「一」「・」の3つで構成される。3つだけなので、携帯電話画面でのキーボード数が少なく、ある意味便利である。この入力方式はサムスン電子が特許を持っているらしい（「ア」は、卜…「丨」「・」、「オ」は⊥…「・」「一」などと、組み合わせればよい）。事業部長は、世宗大王の偉大さについても、事細かく説明してくれた。銅像が景福宮前の世宗大路や汝矣島にあり、韓国語のテキストにも登場するなど韓国国民のだれもが尊敬の念を抱いている。サムスン電子の役員のほとんどは、日本語を勉強しているが、事業部長もその一人で、「日本語は漢字の読みに音訓など多数あり覚えにくい、なぜ、あんなに違う読みがあるのか？」と聞かれた。このときは実感がなかったが、韓国生活に慣れるにしたがって、韓国語は漢字の読み方が一通りしかなく、漢字が浮かべば韓国語に直しやすい反面、同音でも意味が異なる単語が非常に多いことがわかっていった。

　通勤には、イ・チュンベという運転手さんをつけてくれたが、韓国語以外ほとんど話せないため、当初、通勤の30分は、お互い沈黙状態で非常に永く感じられた。これではまずいと思い、私は辞書を片手にハングル棒読みでたどたどしく話し出し、イさんは、イさんで、韓国語－日本語の変換辞書を購入し、昔少しかじったという片言の日本語でなんとかコミュニケーションをとろうとしていた。運悪く、アパートに備え付けの洗濯機がスイッチをいれてもウンもスンもしないということが起こり、コインランドリーにゆくはめになった。コインランドリーも操作説明文は韓国語。言葉が通じないイさんと悪戦苦闘してなんとか洗濯を終えた。次は食事。夜は、「豊」と日本語で書かれた焼肉屋に行ったが、

韓国語メニューのみ。実際どんなものが出てくるのかわからなかったが、とりあえず定食めいたもので一番安いものを注文した。結果は、牛肉の鉄板焼きが出てきて、事なきを得た。帰りに、果物屋に寄り、適当なフルーツを選んだところ、なんと手で重さを量った。何ウォン[*]と言ったのかわからなかったので、大きめの札を出してつり銭をもらうことにした。後日、デパートで価格をみたら、むしろデパートの方が高かったので、存外、親切に対応してくれたようである。

　船便が届くというので朝から待機していたが、いっこうに連絡が入らない。なにかの手違いで今日はもう来ないものと覚悟し始めた午後1時前、会社携帯に韓国語で電話が入った。しかし、アパートまで来ているのか、アパートの場所が分からないのか全くわからない。「イッソヨ」（居ます）とか、「オディェヨ？」（どこですか？）とか、「キダリゴ」（待っています）とか、「アルゲッソヨ」（わかります）とか、「モルゲッソヨ」（わかりません）とか、とにかく、携帯片手に頭の中にある韓国語を使いまくり、1階の入口と20階の部屋を行ったり来たり。相手も片言の日本語は話すのだが、いきなり、「今何時ですか？」と言われても……意味不明。たぶん、「何番地ですか？」と聞きたかったのだろう……とわかったのは1週間後。私が、サムスンからもらったメモに、番地が抜けているのがわかったからである。とにかく、韓国語しか話せない管理人に携帯を渡し対処してもらった。管理人が、ホ（号室）の前で待っていればよいと言っていたような気がしたので、しばらく、待っていたが来ない。違うアパートに行ってしまったのではないか？などと思い、また携帯片手に、1階に向かおうとした矢先、向こうから台車で荷物を運んで来る人影が見えた。こうして、ようやく船便の荷物が届いた。

　入社して2週間ほどたった頃、会社が専属の秘書のキム・サンファ（金相花）さんを契約社員として雇ってくれた。岡山の大学で日本語を2年勉強し、今回サムスン電子に応募し、私のところに来てくれた。応募者は6人いたそうである。実は面接試験に立ち会うことも要請された

が、韓国女性はわからないと言ってお断りした。代わりに、サムスン電子勤務6年の日本人技術者が立ち会ってくれた。結果的に立ち会わないでよかったと思っている。人事の目に狂いはなく、明るい性格の持ち主で、即座に周りに友達をつくり、韓国語コミュニティでいろいろな情報を集めてきてくれた。特に、彼女が直ぐに親しくなった常務秘書のシン・ヒスクさんからのフラッシュ開発室関連の情報は助けになった。私も、日本語で意思の疎通がはかれるので、非常に楽になった。スケジュールのアレンジメントだけでなく、送られてくる資料の翻訳、私の報告書の翻訳などをしてもらった。韓国国内向けサムスン製のパソコンに日本語OSをインストールしたためか、結構トラブルが多かったが、彼女は、パソコンにも強く、ほとんどのトラブルは彼女自身が解決してくれた。

　サンファさんに、なぜ通勤に便利な、以前の会社を契約途中でやめ、サムスン電子に応募したのかを聞いたところ、その日本人副社長が、韓国に16年住んでいて、韓国語をすべて理解しているので、仕事が暇でしょうがなかったと言っていた。そして、ここサムスンでは契約社員ではあるが、年俸がそこらの会社の課長よりずっと高給であったことも一因と、笑いながら言っていた。6倍の競争率を勝ち抜いて秘書になっただけあって優秀である。加えて、頼めば、個人的な飲み会でもよほど都合が悪くない限りつきあってくれる。このあたりのプロ根性には頭が下がる。サムスン電子は、仕事以外の私の負担を極力減らそうと気遣ってくれた。

　役員なので、結婚式の招待状をもらうこともしばしばである。勝手が全く分からない私のために、サンファさんは休日返上でつきあってくれた。結婚式のご祝儀は、会社が補てんしてくれる。但し、職級によって決まっているらしく、10万ウォンにしようとしたら、人事から、「10万ウォンは副社長です」と言われ、5万ウォンにしたことがある。余談であるが、韓国の結婚披露宴は誰でも参加できる。誰にも断ることな

く、私と同じテーブルで、サンファさんとイさんが食事をしていた。また、好きなときに来て、好きなところに座り、好きなときに帰ってゆく。日本のように何人呼ぶか、どこで線をひくか気にしなくともよい。反面、席が足りなかったらどうするのかなどと心配になるが、一般には、結婚式が大写しされるスクリーン付の別室が用意され、なんとかなっているようである。このあたりの気安さが韓国の良いところである。ある結婚式の後、サンファさんに映画館にもつきあってもらった。なにせ、映画館の切符の買い方もわからなかったからである。幸いなことに、映画館にはその後何度も通ったが、韓国語の上達に伴い、つきあってもらったのはこの一回だけで済んだ。

　昼食はいつも彼女と会社内の社員食堂で食べた。韓国の文化、モノの見方や韓国語についていろいろ教えてくれた。社員食堂は無料である。しかし、メニューが4種類しかなく、他の秘書連中を誘って会社近隣のレストランに行くこともあった。

　＊ウォン：当時の為替レートでは、1ウォン＝0.07円

12
最初の仕事

　次の図は当時のサムスン電子の組織図で、私が所属したのはDS（デバイス・ソリューション）部門に所属する、メモリ事業部のフラッシュ開発室であった。上司である室長、チョン・チリ（鄭七熙）副社長は、フラッシュメモリに関わるのは初めてとのことであった。厳しい顔つきの方であった（実際、韓国語での指摘は厳しいらしく、サンファさんが「とても訳せません」と言ったことがある）が、態度は紳士的、指示は

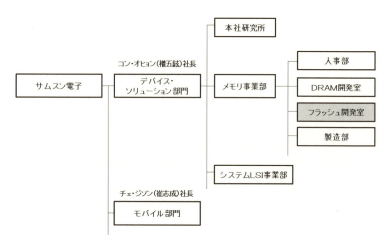

的確であった。9月1日に入社すると、まず3日間のオリエンテーションプログラムの中で、メモリ事業部のすべての部所(「室」と呼ばれている)を訪問させてもらい、それぞれの室長から直々にその組織の役割を聞いた。これが一通り済むと、チョン・チリ室長より、3つの業務課題をもらった。

(1) 東芝とサムスン電子のフラッシュメモリの設計効率を比較すること
(2) 最も興味あるプロジェクトを挙げること。そこに参加させる。
(3) 毎週、A4・1枚の週報(週間報告書)を書くこと。英語でかまわない。

(1)に関しては、興味ある課題であったので、早速サムスン電子のフラッシュ設計陣を比較してみた。わかったことは、設計技術者の人数はほぼ同数であるが、開発品種数、開発期間において、どう見てもサムスン電子の方が効率がよい。また、何人かの若手技術者に技術的なインタビューを試みたが、皆、技術に精通しており優秀であった。また、若い人が多い。それで、そのように室長に報告した。

しかし、半年程経過し、サムスン電子の内情を把握してくると、この人数のカウントに間違いがあることがわかってきた。原因は、課題を与えられたとき、設計者はフラッシュ開発室の設計チーム以外にはいないと考えていたことによる。まず、設計環境整備と設計者サポート。例えば、最新設計ソフトの調査、導入、改良と、設計者への教育、素子のモデリングなどの業務である。これは、東芝のケースでは設計者の内数でカウントしたが、サムスン電子では外数にしていた。すなわち、膨大な技術者が別チームとしてメモリ事業部にではなく、研究所にいた。次に、デバイス開発のためには、本体のメモリチップを設計する前に、単体素子を設計して試作し、その特性を評価する必要がある。この素子設計業務はサムスン電子では、デバイス開発チームに属しており、私のカウント外であった。また、サムスン電子の首席レベル、すなわち東芝でいう課長に相当する人間は、ほとんど技術しかやらない。東芝での課長は各種雑用に悩まされるが、開発室には、「スタッフ」と呼ばれる人がいて、細かな雑用一般はすべてこの人たちがやってくれる。このスタッフは室長に5～6人、その下のチーム長には2人ほどいる。各種資料や報告書の期限内の提出フォロー、それらの管理はスタッフの仕事である。会議のアレンジ、出席要請、会議での議事録作成までやってくれる。スタッフは元技術者であるため技術にも詳しい。彼らは、会議にはすべて出席しているので、会社の内情にも、開発状況にも精通している。サムスンでは、GWP（韓国語では、疎通）という、宴会やレクリエーションが盛んだが、これらの企画、準備、当日の世話まですべてやる。東芝では、技術者が片手間でやらされることが多い。とどのつまりは、サムスン電子は役割分担がはっきりしていて、リソースが豊富なのである。

　(2)に関しては、開発室で進行中の各種プロジェクト会議に同席させてもらってはいたが、その中のひとつ、縦型構造のフラッシュメモリ[*]開発プロジェクトに参加させてほしいとお願いした。現在の平面構造NANDフラッシュは技術的限界が見えてきている。いつになるかわか

らないが、縦型構造のフラッシュの時代が来るかもしれない、いつかやってみたいと思っていた。そして、私がそのプロジェクトに本格的に参加したときから、会議に出席している人数が急激に増えたような気がした。室長はフラッシュ専門ではなかったため、「なぜ、このプロジェクトがそんなにいいんだ」と不思議がっていた。私は、このプロジェクトと1年ほど付き合うことになった。

　さて、(3)の週報、たったA4・1枚なのに、これが頭痛の種であった。何を書いてもよい、「日本と韓国の文化の差でもよい」とは言われていた。しかし、給料をもらっている以上、フラッシュ開発に有益なことを書きたい。いろいろな会議に呼ばれるので、会議の内容に関する自分のコメントを書きたい。会議の議事録がタイムリーに送られて来れば、その議事録をもとにコメントした。技術者と面談する機会があればその内容を書いた。また、インターネットで流れる半導体業界情報をできるだけ把握するよう心掛け、それに対するコメントなども書いた。社内では、毎日、セミコン・ポータルという韓国語のニュースが配信されてくる。各新聞の半導体・エレクトロニクス関連情報を抜粋したものであるが、韓国の物の見方や、サムスン電子の情報は、かえってこちらの方が豊富であった。誰がどう手配したものかわからなかったが、これは役にたった。週報は、一応余裕をもって、水曜日に提出するようにしたが、これを提出するとホッとした。そして楽しい週末。しかし、日曜日も夜になると胃が痛んでくる。今週は果たして書くことはあるのだろうか？
　しかし、とにもかくにも、退職するまで、週報は毎週欠かさず書き続けた。

　韓国語（ハングル）。これは、入社前から不安には思っていたことである。ヘッドハンターにも「私は韓国語が全くわからないが大丈夫か？」と聞いたことがあったが、「宮本さんは英語ができるから問題ない。サムスン電子の技術者は皆英語が堪能だ。コミュニケーションは英語で十分」と言わ

れ、そのときはそんなものかと思った。しかし、それはあまりに浅はかだった。確かに、サムスン電子の技術者の英会話レベルは東芝とは比較できないほど高い。英語で聞けばきれいな英語で答えてくれる。しかし、それは個々で話す場合である。会議はすべて韓国語。資料も韓国語。グラフや図面と数字、英語で記載されている文章はわかるし、何について話しているか、スライドを指してくれれば推測できる。しかし、それ以上の議論はさっぱりであった。会話の中で、時折出てくる英語と「トウシバ」という単語だけは妙に耳についた。

　会議資料を眺めていて、やはり、韓国語で専門用語くらいは覚えないといけないと思った。「現況」、「業者」、「評価」、「開発」、等々……、発音してみると、漢字の読みとやや似ているように思える。このあたりが、英語と違って楽なところであるが、全く同じでないところがややこしい。隣国でありながら、なぜ、こんなに違ってしまったのだろうか？　韓国が、ハングル政策をとらず、漢字を併用してくれていたら、かなりの部分が理解できただろうに！　英語もそのままハングルに置き換わっている。たどたどしくハングルを発音してみるとハッと「英語」だと気付くが、ハングルだけを見ても英語か、オリジナルな韓国語かわからない。会議資料のハングル文字の単語をメモっては帰ってからパソコンに打ち込み、毎朝車の中で、何回も読んでは暗記することを心掛けた。しかし、これは役に立たなかった。なじみがないまま、いきなり詰め込もうとしても、頭が全くついていかない。丸暗記は全くダメ。歳による限界かと思った。

　サンファさんが来てくれたおかげで韓国語の苦しみからはだいぶん解放された。しかし、副社長、社長が主催する会議にはサンファさんの同伴は許されなかった。さらに、彼女は、日韓同時通訳できるほどの能力の持ち主ではあるが、英語が出てくると通訳が止まる。また、当然のことであるが、彼女はフラッシュの技術がわからなかったため、フラッシュメモリの教育資料を渡し、「あなたがフラッシュの技術を理解するのと、私が韓国語を理解するのとどちらが早いか競争しよう」などと冗

談を言っていた。ということで、会議の内容についての理解度は格段にあがったが、詳細な点がタイムリーに把握できない。思えば、東芝の部長、技師長、関連会社常務のマネージメントで何をやってきたかといえば、技術会議や個々人の面談を通して、話をよく聞き、技術的な問題点を把握し、自分のカンと経験に照らし合わせ、様々な助言をするということであった。その助言の中身と、助言するタイミング、助言の仕方が勝負であった。サムスン電子に入って、その「聞く」能力と、「話す」能力、「タイミングを計る」能力を封印された状態になった。もちろん、技術的に大きな差がある場合なら、この同時通訳レベルでも十分貢献はできただろう。しかし、入社当時を振り返ってみれば、フラッシュメモリ技術について、東芝とサムスン電子の技術力は相拮抗していた。ある部分ではまだ東芝の方が優れていたが、一部ではサムスン電子が先行していた。こんな情勢で、タイムリーには何も助言できないということは致命的であった。

　サンファさんを連れて行けない室長（副社長）主催の開発会議はきつかった。最悪なのは、会議の中で韓国語の議論が白熱すると、室長が、突然、「What do you think, Miyamoto-san?」と英語で聞いてくることである。日本でも日本語がわからない外国人一人のために英語で会議をしたりはしない。にもかかわらず、その外国人にも内容が理解されていると錯覚してしまうことがあった。質問する側の心情はわかる。が、答える側は大変だ。給料もらっている以上「韓国語がわからないので答えられません」などとは言えない。スライドを眺めていた感覚で答えるしかない。カンが当たっていれば、私の発言に関した事柄について、しばし韓国語で議論が始まる。しかし、はずれた場合は……!?

　一度、フラッシュメモリの次世代品を、A案とB案、どちらの回路方式で設計するかという会議に呼ばれた。東芝時代に、よく経験した性能と製造コストのトレード・オフ論議である。しばし、議論が続き、一瞬の沈黙が流れたとき、すかさず室長の「What do you think, Miyamoto-san?」が来た。私は、図面と数字を見ながら、なんとなくＡかな、と思っていたので、「I think A is better. Because……」と切り出し、もっともらしい理由を並べ立てた。そして、後日、Ａ案に決まったことを知った。私の意見が決断の鍵となった。こんなことでよいのかなと思ったが、これで、よいと思うことにした。考えてみれば室長の裁断を仰ぐ前に、担当者間で散々議論してＡ案とＢ案が残ったのである。どちらの案が採用されても大差ないのかもしれない。要は、「決めてくれる人」が必要だったのかなと考えることにした。

　入社後、事業部長の発案でメモリ事業部の役員連中が歓迎会を開いてくれた。私が英語で、「私は100％、サムスン電子の人になった」と挨拶すると、これはおおいにウケた。次に「私の第一の目標はサムスン電子の事業に貢献することではない。韓国語をマスターすることだ」。これも大ウケであった。一生懸命暗記してきた「イジェブト　チャルブッタトゥリゲッスムニダ」これも好評であった。日本語の全く話せない外国人がたどたどしい日本語で、「これから、どうぞ、よろしくお願いします」と言ってくれたら、誰でも温かい気持ちになる。これは、どんな国に行っても共通の心情である。その国に行ったなら、まず、その国の言葉を覚えなければいけない。言葉を通じて、その国の人とコミュニケーションがとれる。人を知れば、その心情を通して文化がわかる、歴史がわかる。

　チョン室長からは、日本での学会・セミナーなどへの参加希望があれば、許可する旨の言質は、最初にいただいていた。11月に入り、母校でセミナーが開催されることになった。参加者も母校関係者だけに限られるため、内部事情など興味深い話が聞けると思った。また、プライベートでも、日本から持ってくるべきものがいろいろ出てきたし、日本で私が済まさねばならない仕事もあった。早速、人事に問い合わせたところ、案に相違して大量の質問事項が返ってきた。曰く、なんのために出張するのか、誰と会うのか、どんなスケジュールなのか。一応、返答

したが、らちが明かない。人事に、「いったい誰が出張の許可を出すのか？」と聞いたら、「室長だ」と言う。そこで早速、室長に直談判したらなんとすんなりOKが出た。東芝関係者と会って、内情をばらされたら、たまらないという思惑もあったのかもしれないが、当時は、まだ、リーマンショックの余波が残っていて予算的に厳しかったのだろうと解釈した。そのため、役員の海外出張の日当はゼロ、航空機もエコノミーということであった。後者は当然としても、前者は東芝では考えられないことであった。週末、久しぶりに我が家に帰り、とんぼ帰りで韓国に戻った。出張がこんなに大変なら、休暇以外ではなかなか日本には帰れないなという一抹の寂しさがあった。ちなみに、休暇は年10日だけ、しかも余っても翌年に繰り越せない。こんなところまでは契約書を読まず、サインしてしまっていた。

　10月末に、フラッシュ開発室の役員と人事部門役員との懇親会があった。この類の懇親会もサンファさんは連れてゆけず、ときどき、私のために英語を交えてくれるのだが、申し訳ない気持ちでいっぱいになった。室長も、気を遣って私の隣に日本語が話せる役員を座らせてくれたが、彼とて、別に日本語で話をしたいわけではないだろうに。幸いなことに、酒が入ると、その場の雰囲気で片言の韓国語を使ってみたり、英語も取り交ぜ、それなりに楽しむことができた。懇親会の予定が入ったとき、まず「どう切り抜けようか」という焦燥感から始まる。会が始まるときは孤独感。それでもなんとかそれなりに楽しみ、語り、会が終わったあとは充実感と安堵感。しかし、そんな日本語を話せる役員もどんどん異動していなくなっていった。

　12月はサムスン電子の人事異動の季節である。常務への昇格者、社長クラスの人事異動が次々と公表され、即刻韓国内のインターネットをかけめぐる。12月中旬のある日、朝一番でメモリ事業部の役員だけ「組織改編説明会」に招集がかけられた。そこでメモリ事業部の人事部の室長が、大型スクリーンに映し出された該当者の顔写真とともに韓国語で

いろいろ言い始めた。そもそも入社4カ月、韓国人の名前はいちいち覚えていないし、何が起こっているのかわからないまま会議は終わった。外に出て、車を待っていると、室長が、DRAM開発室のチョン・ヨンヒョン（金永痃。2年後に、私にとって3人目のフラッシュ開発室長になる人）室長と共に現れた。

英語で「宮本さん、何があったかわかりましたか？」と聞いてくる。「わかりません」と答えると、「やっぱり」と言って二人で笑っている。そして、

「私は、来年から半導体研究所の所長になります」と言った。

「え、じゃ、後任は誰なのですか？」と聞くと、

「チョン・テソン専務です」

「え!?」

チョン・テソン専務はフラッシュ開発室のコントローラ開発部門のチーム長で、かつて、ISSCCで委員をしていた人だった。DRAM仕様のフラッシュメモリを設計したことがあり、共同開発時のカウンタパートであったイム・ヒュンギュ理事の信頼が厚い男である。設計者と思っていたが、マーケティング部門が長い人であった。ISSCCの委員会においては、論文採択をめぐり激論を戦わしたとき、勢い余ってコーヒーを引っ掛け私のパソコンを台無しにしたこともあった。入社して会ったときには「サムスン電子で働くことになったのでよろしく」と挨拶すると、「入社おめでとう」などと言葉は交わしてはいたが。

ちなみに、役員の中でも、常務クラスは、この会議に行くまで、翌年自分がどこの事業場で何の仕事をするかということを知らされていないらしい。もちろん、呼ばれたということは、仕事の保証はあり、解雇ではないことは本人もわかる。しかし、役員全員の前でそれを読み上げられるということは、その場ではもはや拒否できないということである。衆目の中、やりたくないなどと言おうものなら、「サムスンを退職します」と同意語である。本来、会社というものは、こういうものなのでは

毎年暮れ、役員の懇親会が開催されるノーブルカウンティ

ないのだろうか。東芝時代、四日市に行きたくないという部下を何日かにわたって説得したことを思い出した。その人の意を理解し、納得してもらうなどというのは、いかにも「和」を重んずる日本人的なマネージメントであると思った。

その日は、朝から晩まで、全く理解できない韓国語をさんざん聞かされた後、夜は、ノーブルカウンティという高級マンションの大ホールでの懇親会となった。この懇親会は、たった一人の日本人役員にとっては耐久レースのようなものである。が、もし、韓国語が堪能ならこれほど楽しい一日はないのではないかと思った。帰り際、事業部長から役員一人ひとりに商品券と、乾燥きのこの詰め合わせが手渡された。宴会、その他含めると、日本円にして総額500万円は下らないと思う。このあたりにも、儲かっている会社の底力と、韓国人の派手好みを感じてしまった。ちなみに、この商品券は、単身赴任であり、韓国語の話せない私にとっては無用の長物で、サンファさんとイさんに、日頃の労をねぎらう意味でプレゼントした。その後も、こうした商品券をもらう機会は何度もあり、使い道がないわけではなかったが、すべて、サンファさんとイさんにあげた。こうすべきと教えられたわけではない。が、韓国に住んでその文化と触れ合ううちに、これが自然なことに思えてきた。

いずれにしろ、チョン・チリ副社長がフラッシュ開発室を去るということである。残念であるとともに、来年はいったいどうなるのかなという不安にかられた。

＊）縦型構造のフラッシュメモリ：近年マスコミ等では従来型のフラッシュを「2次

元メモリ」、縦型構造のフラッシュを「3次元メモリ」と呼んでいる。縦型構造フラッシュは、東芝ではBiCS（Bit Cost Scalable Flash）、サムスン電子ではV-NAND（Vertical NAND Flash）と称している。2007年の国際学会で東芝から発表され注目を集めた。2011年秋、サムスン電子は韓国政府に対し、中国でのV-NAND専用工場の建設許可を申請した。

13 サムスン基礎知識

創立40周年記念式典の式次第

サムスン電子は、2代目会長イ・ゴンヒ（李健熙）の率いるサムスングループの中核会社である。入社翌年、40周年を迎え、江南(カンナム)の本社で式典が開催され、私も参加した。イ・ゴンヒ会長は、創業者のイ・ビョンチョル（李秉喆）が亡くなった1987年以降、2008年4月から2010年3月までの脱税疑惑で会長職を退いた期間を除いて、20年以上、サムスングループの会長として君臨しており、その間サムスン電子を大きく成長させた。そのため、その威光は絶大なものがある。2010年のサムスングループ全体の売り上げは、153兆7,600億ウォン（利益17兆2,800億ウォン）だが、これは韓国国家予算、309兆ウォンの約半分にあたる。従って、会長の指示には誰も逆らえない。これが、サラリーマン社長がトップを務める日本の大企業との差である。事実、会長が職を退いた期間、サムスン電子は半導体の大型投資が全くできなかった。しかし、会長が復帰し、「何で半導体に投資しないんだ」と言い放った途端、9,000億円投資してメモリ用16製造ラインの建設が決まり、1年半

後、製品が製造されるまでになった。会長が、30代の常務をつくれと言えば即つくり、常務の最低在籍年限を7年から5年に短縮しろと言えば即刻そうなり、これからは博士課程出身者を特別扱いするなと言えば即刻大卒5年扱いになるし、ソフトの技術者を強化しろと言えば、そこを強化するための専任部隊ができる。このようなカリスマ的な存在がサムスン電子の組織風土を形成している。すなわち、自分のボスは一人で、そのボスの指示がすべてであり、ボスの意向に沿うように行動する。そうしてそのボスが順調に昇進してゆけば、自分もそれに倣う可能性が高い。逆に言えば、組織のトップが代わると、方針を始め何から何まで、場合によっては構成員まで入れ替えになってしまう。日本には（特に、私がいた東芝には）あり得ないような風土は、トップさえ間違わなければ、判断が早く、非常に効率が良い。私はこれが、サムスン電子が莫大な利益を上げている最大の理由であると考えている。日本では「リーダーシップ養成」とよく言われるが、リーダーは養成してできるものではない。競争の中で実績を積み重ねた者が手にするものなのではないか。創業者の息子というアドバンテージはあったが、IMFの危機を乗り切り、サムスン電子の収益を10倍以上にした実績があるからこそ、皆がついてゆくのだと思う。サムスン電子の「キャンパス」と言われる事業場の風景をみるにつけ、会長の偉大さを感じる。なお、サムスン電子の韓国人の持株比率は46％で、一方の東芝は、日本人の持株比率は78％である（2011年時点）。この意味では、サムスン電子の本社機能は韓国に存在し、韓国人が働いているが、韓国の会社ではない。これらボスが絶対的権限を持つマネージメント・スタイルは巷に聞く欧米風を思わせる。が、サムスンと東芝の大きな違いは、ほとんどこれだけで、一般社員であれば韓国人といえども、皆日本人と大同小異、上の目を気にしながら仕事をするサラリーマンである。

　サムスン電子のエンジニア・コースを図に示す。「首席」は部長、「責任」は課長とも呼ばれていた。昇格には、パフォーマンスに連動した

基準ポイント達成が必要となる。ポイントは毎年蓄積されるので、ある年パフォーマンスが悪くても次の年がんばれば昇格できる。ちなみに、東芝での人事査定は、上から（S）、E、A、B、（C）をつけることになっていたが、過去3年「EEE」でないと昇格は難しく「EEA」では昇格申請しても人事からクレームがついたものだが、この点、サムスン電子の方が合理的に思える。

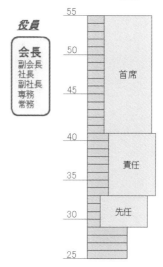
エンジニアコースの一般例

　首席（マネージャーコースでは、部長）になると役員になる道が見えてくるが、定年が55歳なので、40代半ばまでに役員になれなければ、良くて首席までとなる。常務は、日本の会社でいう部長職にあたり、直接、現場の指揮をとるマネージャーである。なお、サムスン電子では2人の副会長が一般人の最高位。その次の社長は10人ほどいる。これら役員の呼称はすべて「資格」であり、「役職」はまた別にある。フラッシュ開発室には、設計、デバイス、製品評価、コントローラ設計等々のチームがあったが、それぞれのチーム長は、資格で言えば常務あるいは専務で、室長は、専務か副社長。事業部長クラスは、副社長か社長である。韓国では、現在の日本のように「〜さん」ではなく、かつての日本のように「〜課長殿」「〜部長殿」と役職で呼ぶのが一般的である。私は、最初、東芝流に「宮本さん」と呼んでくれと言ってはみたが、結局、資格で呼ぶ場合はチョンムニム（専務殿）、役職で呼ぶ場合はコモンニム（顧問殿）という呼称は最後まで変わらなかった。役職で呼ばれることになると自然に、上昇志向が高くなり、そうして勝ち得た役職に対するプライドが高い。

　サムスン電子に入社した者は全員役員を目指す。常務になると年棒が

部長級の 1.5 倍程度にはねあがり、会社から車が貸与される。また、役員だけの経営会議や懇親会に参加でき、知己や情報量が格段に増える。専務になると運転手がつく。各資格で最低在籍年限が決められており、この在籍年限をオーバーしすぎると退職するしかない。すなわち、「Up or Go」である。2009 年、サムスングループでの役員への昇格者数は前年のリーマンショックの不況のあおりをうけ 380 人だったが、2010 年は業績も回復し 490 人と増加。内 318 人が部長クラスから常務への昇進である。ちなみに、メモリ事業部では 80 人ほどの役員がいた。部長や首席クラスから常務に昇格できるのは、ごく一握りで、首席約 20 人中 1 ～ 3 人である。それも、私の目から見ると生え抜きより、外部からきた人間（アメリカの会社勤務、アメリカや日本の留学経験者などを重用しているように見える。サムスン電子で長く勤務してきた優秀な人が昇格できないのを目の当たりにすると疑問を感じざるを得ない。もっとも、常務に昇格しても安心できるわけではない。役に立たないと判断されれば「諮問役員」という自宅待機命令が下る。メール禁止、報酬は 7 割程度、2 年で確実に解雇というコースである。また、韓国人役員にも正規役員と契約役員がいて契約役員の方が、年棒が若干高いようである。いろいろな雇用形態をとってリスク・ヘッジとモチベーション・アップをはかっている。昇格が決まると、その夜職場の上司、同僚を招待し自腹を切って食事会を企画するのが慣習となっている。

　サムスン電子は競争の激しい会社である。韓国の理工科学生にとって人気企業 No.1 の地位を 10 年以上保ち続け、優秀な学生が入社してくるにもかかわらず、平均勤続年数は、男性で 9 年、女性で 5.6 年と短い。中途採用が多いこと、女子については工場勤務のオペレーターも含まれていることもあるだろうが、日本の大企業では、ほぼ 30 ～ 40 年勤続する人が多いのに比べると対照的である。この理由を人事に聞いてみたところ、韓国人はプライドが高く、同期より遅れたり、部下に抜かれたりすると、さっさとやめてゆくらしい。こうなると受け皿が心配になるが、

サムスン電子は出入り業者が多く、引く手あまたらしい。事実、役員には昇格できなかった人が、韓国現地法人の社長に迎えられた、などの例は枚挙にいとまがない。

サムスン電子が半導体メモリにおいて巨額の利益をあげられる大きな一因にコスト力があげられる。2010年11月、韓国のインターネットに掲載された1Gbit_DRAMの原価予測は、サムスン電子が$0.78に対し、ハイニックスは$1.09、マイクロンは$1.42、日本のエルピーダは$1.6〜1.8、台湾のパワーチップは$1.8〜2.0であった。このときのDRAMの売価は下がりつづけており、1.41$になっていた。従って、マイクロンにおいてギリギリ、ハイニックスはかろうじて黒字、サムスン電子だけ大儲けということになる。もちろん、DRAMにおいては、サムスン電子の微細化技術が他社を圧倒していて、1年〜1年半先行しているという事実はある。

そもそも韓国の物価は低い。例えば、電力料金などの公共料金、交通費、食費など生活に密着したものはおおよそ日本の半額である。円高に振れれば、3分の1にもなる。事実、韓国電力は何年も赤字経営が続いている。家賃についてはチョンセという韓国独特のシステムがある。これは、アパートを借りる場合、契約で居住する期間を定め、その広さやロケーションに従って保証金を支払い、契約満了に伴い、その保証金を全額返還してもらうというシステムである。家主は、その期間内にその保証金を運用してその運用益を収入にする。これにより、保証金さえつめば、月々の家賃の支払いは実質ゼロということになる。但し、ソウルでは、このチョンセが、2009年6,480万ウォン、2010年8,150万ウォンと値上がりしている。韓国も昨今物価上昇が激しく、この家賃制度も見直される傾向にあるという。2009年の韓国企業の平均年収は、大企業の部長で、6,940万ウォン、課長で、5,280万ウォン、中小企業はやや低く、部長で5,050万ウォン、課長で3,880万ウォンとのことである。人件費は総じて安い。地方出身の若い女子をオペレーターとして多数採用

していることも一因として挙げられる。地方においても、サムスン電子の名は知れ渡っておりで、そこで働いていると言えば親も鼻が高いらしい。そして、韓国社会ではそのような若い女性は結婚すると会社を退職することが多い。なお、オペレーターに試験を受けさせ、合格者は、役員秘書、あるいは技術者に抜擢するコースも設けられているため、彼女らのモチベーションは高い。

その他、コストが低い要因としては、設備の大量発注や、不況時の大投資なども挙げられている。が、これとて、カリスマ経営者のトップダウンの判断がなければ敢行できない。リスクを考えるサラリーマン社長であると、どうしても安全サイドに寄ってしまうだろう。サラリーマンなので、在職期間の3～4年を大過なく過ごせば、次の職にありつけるのだから。

韓国の悩みは、子供の出生率が、1.2～1.3と先進国に比べても極端に低いこと。これは、教育が大変なためで、40歳前半の方と話していたら、彼の収入の1/3が教育費だそうである。年金制度も、10年前にやっと始まったばかりで、これで食べていけるわけではなさそうで、年金制度が充実している日本がうらやましいと言っていた。

日本の企業は、声高にグローバル化を叫ぶが、本当にグローバル化を推進しようとするなら、相当の金銭的、人的投資を覚悟しないといけない。社員に英会話学校に通うことを勧めるメールを配信することがグローバル化ではない。日本人同士の社内の会議を、非効率な「英語」にすることも、グローバル化とは言い難いと思う。サムスン電子には、外国人の生活一般をサポートするグローバル・ヘルプ・デスク（GHD）という組織があり、専従の社員が配置されている。彼らは、その外国人の母国語を話し、生活立ち上げ（アパートなどの手配、家具類、備品の調達等）支援、生活上のトラブル解決などすべてやってくれる。会社のパソコンには日本語OSが入っており、独自開発の日韓通訳ソフトもインストールされていた。これらのサービスを、日本語、英語圏はともか

く、フランス、中国、インド、ロシア等々、世界の人々に対して行っていると考えると、相当のコストがかかっていると思われる。さらに、人事部の最も重要な仕事は何か？と尋ねたら、事業部の求めている人材を、世界中をめぐって見つけ出し、採用することだと答えてきた。では、世界の人事情報はどこから来るのか。サムスン電子には、仕事は何もせず、ある国に1年間住むという教育制度がある。そして、現地の言葉を習得して、風土・文化を学ぶ。派遣先はこれまで50カ国・地域に及び、派遣経験者は4,500人を超えていると聞く。

14 社 風

　1993年、ドイツのフランクフルトにおいて、サムスングループのイ・ゴンヒ会長が「妻と子以外はすべて変えよう」をスローガンに新経営方針を提唱したことで、一般的に、サムスンは「変わることが大切」と考えている。このため、いろいろな意味で変化が激しい。

　入社当時、サムスン電子はどんなイメージかとよく聞かれた。そのとき、私は、ダイナミック、アグレッシブ、フレキシブルと答えた。ダイナミックとは、いざ強化するという方針が出たら、技術者を100人単位で異動させる。東芝の技師長時代、システムLSIの技術が必要になり、たった数人の技術者異動を上司に断られたことがあった。アグレッシブなところは、韓国人はトップから工場のオペレーターに至るまで向上心が高いことである。自分の付加価値をどう高めるかということを常に考えているように思う。サンファさんも、日本語の同時通訳ができる

ほどの能力を持ちながら、週末はソウルの上級日本語学校に通い、夜は英語学校に通い、一方では、観光ガイドの免許をとろうとしていた。会社に通いながら、博士の学位を目指している部長もいた。何人かの役員は、子女をカナダや、アメリカに留学させ、その世話のため奥さんも同行しているので、単身生活（キロギアッパという）をしていた。要するに、国をあまり信頼していないということである。国を信じきっている日本人とは対照的であった。

　フレキシブルという意味では、適材適所にすばやく人材を配置させるということである。私はたった2年4カ月の在職中に、3人の開発室長に仕えた。最初は、チョン・チリ副社長で私の入社した年の年末に半導体研究所長になって異動した。次は、チーム長だったチョン・テソン専務が内部昇格。しかし、1年で品質保証室の室長として異動していった。最後のチョン・ヨンヒョン副社長はDRAM開発室長から異動してきた。ここ数年、フラッシュ強化策として、多数のDRAM技術者がフラッシュ開発室に異動して来ていた。人員を奪われ、不満を抱えていたであろうチョンDRAM開発室長はこの人事に最も抵抗していたように思う。考えてみれば、敵の最も手強い大将を味方につければ必勝であり、それを実現したのがこの人事である。結果、DRAM開発室から、以前にも増して人が異動してきた。前からいたDRAM開発室出身者は、元ボスが来てくれたことで、会議での発言が大幅に増えた。すなわち、存分に力を発揮することができるようになった。考えてみれば、強化しようと思ったら当然の人事ではあるが、和を重んずる日本ではあまり実行できそうにない。会社の交際費が、自分のグループの懇親会にも使えるところも、「フレキシブル」の象徴である。

　これら、ダイナミック、アグレッシブ、フレキシブルは、東芝時代、私が会社に欠如しているものと考えていて物足りなさを感じていたものである。私はサムスンの人に「サムスンで悪いところがあったら、何でも言ってくれ」と言われていた。そのときは、「何もない。東芝で私が

不満に感じていたことはすべて解決されている」と答えた。しかし、時間が経ちいろいろな人と接する中で、それらは本当に良いことなのだろうか？ 東芝のやり方が良い場合もあるのではないか？と、思うようになっていった。変わることが常に良いわけではない。ダイナミック、アグレッシブ、フレキシブルに動くことが、いつも良いわけではない。

　サムスン電子で厳罰の対象となるのは、業者からの接待や賄賂、機密漏洩、セクハラである。まず、サムスン電子は出入り業者が多いので、韓国の慣習からして接待を受ける機会が非常に多い。その際、利害関係のある業者から接待を受けると饗応として処罰の対象となる。従って、そのような業者との会食は必ずサムスンサイドが支払わねばならない。

　機密漏洩については、徹底した対策がとられている。私の入社時点でも、会社のパソコンからUSBメモリへのデータ・ダウンロードはできなかった。従業員、外来者は入口で携帯電話のカメラに目隠しをされ、情報機器を預けなければならなかった。しかし、役員は車で通勤することもあり、フリーパスであったため会社の資料を持ち出し家でチェックすることは可能であった。会社の韓国語の資料は、コピー＆ペーストが可能で、そのまま翻訳ソフトにかけ、即日本語で理解することができた。「擬人用いず、用人疑わず」という創業者イ・ビョンチュル（李秉喆）の精神が根付いているように感じた。それが、2010年になると、特殊な紙を配布され、その紙以外にはプリントアウトできなくなった。しかも、従業員の出入り口にはセンサが設置され、この特殊な紙を持ち出そうとするとアラームが鳴るようになった。間違って鞄に入れてしまってアラームが鳴った場合、東芝なら「間違って鞄にいれてしまいました！　ごめんなさい。もうしません」で、その場で話が済むが、サムスンではそうはいかない。社内の資料もパソコン上で閲覧はできるが、コピー＆ペーストができなくなった。サンファさんに翻訳をお願いしようにも、サンファさんのパスワードでは閲覧できないため、自席に呼んでその場で時間をかけて翻訳してもらうなどして対処した。さらに

2011年に入ると、まず家で作成した資料を会社のパソコンにアップロードできなくなった。次に、役員の車も帰る際ランダムにチェックされるようになった。従って、会社の資料は一切家に持って帰れなくなった。
　喫煙については、入社時は、喫煙時間と喫煙場所が決められていて、私は喫煙所で各種情報交換などをしていた。役員のほとんどが喫煙者という状況だったので、会議での結論を教えてもらい、それに対する見解を述べるなど、フランクに意見交換をしていた。ところが、翌年、突然のDS部門長のCHO（CTOのTechnologyをHealthに置き換えた造語）宣言で、会社内全面禁煙となった。駐車場の一角に喫煙所が設けられたが、事業場のゲート外にあるので、入出時間を人事部に管理されることになった。この宣言以降、役員懇親会でも誰一人喫煙しないようになった。さらに、私の退職近くになると、客との接待ゴルフを除いて、ゴルフまで禁止になった。いずれの事例でもトップが一言発すれば、即、全員が従うという風土がある。あるとき、夜遅くまで働く職場風土を変えようと、DS部門長は「Work Smart」運動を提唱した。「AppleやGoogleなどシリコン・ヴァレーの会社では、従業員は早く帰る。それでも利益が上がっている。サムスンでも夜遅くまで仕事をする習慣を改めないといけない。役員は今後6時には退職しなさい」というものである。こうなると徹底している。そのスローガンのポスターが事業場内各所に貼られ、役員会でも、DS部門長が退社記録を持って、遅くまで仕事をしている常務を名指しで語気鋭く叱責する（韓国語はわからなくても、この程度は雰囲気でわかる）。すると、何が何でも6時に帰る役員が現れる。東芝の場合は、上司がいくら叱責しても（多分、こんなことで叱責することはないと思うが）、客先対応や不良対応でやむを得ない場合は、自分の判断で夜遅くまで仕事をすると思う。その後、若手技術者が6時以降まで働いていると人事が回ってきて早く帰れと促すことまで起きてきた。さすがにこのときは腹に据えかね、DS部門長に直訴状を書いた。シリコン・ヴァレーのエンジニアが早く帰れるのは、家と

フラッシュ開発室のドミノ倒し大会

の車でのアクセスが容易で、家でも仕事ができる環境にあるからである。抗議文を日本語で書いて、サンファさんに訳してもらった。「いいんでしょうか？」と心配そうだったが、「いい」と言ってメールした。このときだけは、部門長からの返信はなかった。その後、「例外は認める」といったメールが流れ、緩和された。すると、今度は、毎日午前2時まで働く常務が復活した。若くして昇進した人ほどハードワーカーになる傾向がある。

　競争は厳しいのだろうが、職場の雰囲気は和気あいあいですこぶる良い。フィギュア・スケートの世界選手権が開かれ、それが就業時間中に放映されたことがあった。日本のエース、浅田選手と韓国のエース、キム・ヨナ（金妍兒）選手が相次いで演技した。そして、浅田選手が演技中バランスを崩すとあちこちで歓声があがる。日本であったら、集まって観戦していることもないだろうし、眉をひそめる上長もいると思われるが、ここは韓国、お構いなしであった。

　職場である華城事業場は市内から離れているためか、生活に必要な施設はすべて揃っている。事業場のゲートをくぐると、レストラン、銀行、コンビニ、医院、歯医者、さらに専任の保育士、看護師がいる託児所がある。なお、事業場内にも、コーヒーショップ、ダンキン・ドーナツ、パン屋（パリ・バゲットなど外資系）があり、定年退職したスタッフの部長が店長になっている。また、野外広場があり、昼休みに、韓国の有名なミュージシャンがきてコンサートなどが行われる。秋の事業場内スポーツ大会も盛大にとり行われる。会社が従業員の福利のため心を砕いている様子が垣間見える。

15 韓国語

　サムスン電子では1年間会社負担で韓国語の個人レッスンが受けられた。入社から1カ月経った頃、このレッスンが始まった。先生は、ミン・キョンアという私の長女と同年齢の女性で、就業時間外ではあるが、週何度でも1時間以上かけてソウルから事業場まで来てくれる。日本語は話せず、アメリカに留学していた関係で英語が得意そうな先生であった。「そうな」というのは、授業のほとんどは韓国語でなされたためで、英語の実力のほどはよくわからなかったからである。

　この韓国語のレッスンは退職時までの2年余、真面目に受けた。宿題は完璧にこなし、余裕があれば予習もした。レッスンのたびに、覚えなければならないことが山のように出てくる。韓国語の発音は、パッチム[*]があり、自分の読みのイメージとだいぶ異なる。とまどうこと多々あったが覚えるしかない。最初の半年の余暇は、ほとんどこの韓国語の勉強に費やした。一人で住んでいると土日でも朝早く目が覚める。パンをかじり、コーヒーをすすりながら一連の復習、宿題をこなし、声を出して発音練習をし、テキストについているCDを聞いた。飽きたら昼飯を食べに出かけ、近隣を少し散策しては、また韓国語といった調子であった。そもそも韓国語がわからなければ何もできないし、外に出ても面白くない。疑われたらいやなので、会社の資料は極力持ち出さないようにしていたし、パソコンも会社のネットにはつなげないようにしてもらっていた。テレビの日本語放送はNHKの1チャンネルのみで、あとは韓国語放送。なので、アパートにいても他にやることがなかった。ある常務から、土日何時間程度勉強しているのかと聞かれたとき、7〜8時間と答えて驚かれた。しかし、実際何時間やったか覚えていない。ふ

執務スペース

と空しくなったらやる、ふと寂しくなったらやるといった具合であった。たまにソウルに出るときもあったが、そのバスに乗っていても、忘れてしまった単語を思い出せば、その場で電子辞書を引いていた。

　単語の暗記は苦労した。そこで、パワーポイントとエクセルをリンクさせ、クリックする毎にランダムにハングルの単語が画面に現れ、もう一度クリックすると、その日本語が表示されるプログラムをつくり、家ではもちろん、会社でも反復学習した。席がパーティッションで区切られているので都合が良かった。若いときの倍、いや、10倍反復すれば60歳からでも言語の習得はできないことではない、発音の70％は日本語と類似しているので、あきらめるのはまだ早いと、言い聞かせた。そうこうしていると、不思議なもので、単語が肌になじんでくる。オリョッチマンと言えば、「難しいですが」、チェミイッタと言えば「興味あります」、コマオ～といえば、「ありがとう～」と感覚が身に付いてきた。これは多分に、イさん、サンファさん、ヒスクさんとの会話の成果でもある。

　聞き取りは、娘婿から還暦祝いにプレゼントされたボイス・レコーダーが活躍した。韓国語のテキストのCDを録音し、散歩中は常に聞くようにしていた。徐々に韓国語に慣れるのにつれ面白いと思うようになってきた。韓国語のレッスンでは、旅行、出張など、私的、公的を問わず、イベントがあると、イルギ（日記）を書くことが宿題となる。最初は数行書くのも一苦労であった。が、そのうち、ハングルの文章を思いのままに自宅のパソコンに打ち込み、自動翻訳ソフトにかけ、日本語に変換する手法を思いついた。この手法を使うと、間違っている箇所がたちどころにわかる。多くは単語のスペルミス。言い回しは試行錯誤で

の修正を繰り返し、正しそうな文章にしてゆく。やがて、一発で自動翻訳ソフトと一致する文章も増えてきて、韓国語の日記も以前ほど負担ではなくなってきた。A4、1枚に丸1日かかっていた作業が、打ち込むのに1時間、修正に約2時間といったところに落ち着いてきた。1年が経過すると、サンファさんを同伴できない事業部長主催のフラッシュ総合会議も、自分にとって有意義と思えるようになってきた。会話が少しは拾えるようになってきただけでなく、資料の読み取りスピードがアップしたのも一因であろう。まだ時間はかかるが、この調子でがんばれば、いつか韓国語で堂々と持論を展開できるときが来るかもしれないと一筋の光明を見た思いがした。

　1年が過ぎ、会社の補助はなくなったが、私は今までと同じ、月25万ウォンのコースをとり、週2回会社に来てもらうことにしていた。一度、会社創立記念日で仕事が休みになった平日に、ソウルにある本校で授業を受けてみることにした。この授業は、レッスン用の教室で行われ、ミン先生も慣れた環境であったため、いつもより格段に熱の入ったものとなった。先生が土曜日でもOKと言ってくれたので、以降レッスンは土曜日、本校で受けることに決めた。費用も、月7万5,000ウォンと会社に来てもらうより格段にお得であった。また、強制的にソウルへ出ることになるため、いろいろな名所を散策し、気分転換がはかれるかなとも考えた。

　レッスンの甲斐あって、8カ月も過ぎると、イさんと、プロ野球の話題やら、景福宮(キョンボックン)の歴史などなんとか会話が片道30分続くようになってきた。日本出張の帰りには、空港まで迎えに来てもらい、そこでも、日本でどんなことがあったか、韓国はどうであったかなど、思いつくまま会話した。話すといろいろ情報がもらえる。イさんは、父を37歳のとき亡くしたとか、酒は楽しいとき皆と飲むのがよく、悲しいときや一人では飲まないとか、16製造ラインの起工式がある週に、イ・ゴンヒ会長が来るので皆緊張していることまで教えてくれた。運転手は皆、役員

を乗せているので、役員がふともらしたこんな情報が仲間内で非常にはやく伝達されていることもわかった。

> ＊）パッチム：韓国語はひとつの文字が母音や子音の組合せで構成されるが、前の文字が子音で終わる場合、次の文字の母音と同時に発音される。フランス語のリエゾンに相当。また、次の文字が子音で始まる場合、前の子音の読みが変化する。

16
韓国風物

　ある日曜日、イさんとその奥さんを伴い、西海済扶島(ソヘチェブド)近くの宮坪港(グンピョンハン)という港町に行った。まず、1階の魚市場でカニを買うと、その市場の2階の食堂で調理してくれる。昼食はカニだけで満腹になった。カルグクス（麺料理）もおいしかったが、食べきれなかった。さらに、隣のテーブルで若者たちが松葉カニのようなものを食べていたので、イさんがこれも注文。昼食後、また奥さんが価格交渉をやってくれてカニ3Kgを購入した。これを後日、奥さんが、カンジャンケジャン（生カニの醬油漬け）にしてくれた。このときは5月だったが、9月のカニも良いらしく、この季節になると葡萄も美味らしい。3人分のカニ三昧の昼食とお土産のカニ、これで、〆て2万円ほどであったが、こういうところにも会社の交際費が使える。結局5時間、韓国語の世界に浸っていた。

　近所に住んでいる主婦のイ・チョンミさん家族とも仲良く

カニで有名な西海グンピョンハンの市場風景

なった。きっかけは、国勢調査のためアパートに立ち寄り、私がサムスン電子勤務ということで、興味をもったらしい。いきなり、部屋に上り込んできて、書類の記入方法を説明し始めた。韓国語しか話せないおばさんであったが、こういう親しみやすさが「韓国人」の特徴なのかなと思った。アメリカに留学するという中学生の娘さんと韓国電力関連会社で常務をしているというご主人とブルゴギレストランで食事をしたこともあった。

選挙が近づいてくると、世論調査ということで電話がよくかかって来る。ハンナラ党支持か民主党支持か？ 学生か会社員か？ 投票する人を決めているか、いないのか？ 電話のプッシュボタンを押せというものである。聞き取れる範囲で回答した。韓国で暮らす以上、最低限の聞き取りと語り、読み取りは必要である。

2010年の夏より、ソウル大のシン・ヒョンチョル教授が、サバティカルとして6カ月ほど私の隣の席で執務することになった。特にスケジュールが入っていないときはいつもサンファさんと3人で昼食をとった。シン教授は、カリフォルニア大学バークレー校の博士課程を出ており、英語は堪能。しかし、最初こそ英語で話してくれていたが、私が韓国語をある程度話せるようになって来ると韓国語しか話さないようになった。サムスン電子にも教え子が多数入社しており、社員食堂へ行く道すがら、いろいろな人から挨拶されていた。半導体では有名な先生のようであるが、そんなことはおくびにも出さない温厚な人であった。

シン教授がソウル大に戻られた後、日韓のサッカー親善試合があるので観戦しに来ないかとの誘いを受けた。夜、サンファさん、ヒスクさんを伴って、スタジアムに行くと、シン研究室の学生さんが赤いTシャツ姿でたくさん詰め掛けていた。私も韓国応援団の赤いTシャツと頭につけるイルミネーションを渡されたので、それらをまとい韓国応援団席に陣取った。何対何でどちらが勝つかという賭けが始まり、私は道義上2−0で韓国が勝つというところに一票を入れた。試合が始まり、日

~東芝、スタンフォード、そしてサムスン電子~

日韓親善サッカーを観戦

本チームが韓国ゴールに迫ると、スタジアムは緊張感に包まれ静まり返る。私も静かに見守っていた。一方、韓国チームが日本のゴールに迫ると、何を言っているのか全くわからないが、皆、大声で叫び、拳を上げる。私も、そうした場面では同じように拳を上げた。すると、シン先生が聞いてきた。

「宮本さんはどちらのチームを応援しているのですか?」

「モウミヌン、ハングク、マウムン、イルボン(身は韓国、心は日本)」

納得してもらえたようだった。どちらが、ゴールネットを揺らすか、ハラハラして観ていたが、結局、0-0で引き分けた。賭けには負けたがホッとした。シン先生は、その後、ソウル大学の半導体研究所の所長になられたと聞く。

韓国に来て半年ほどたつと、何の懸念もなく旅行できるようになってきた。慶州(キョンジュ)には二度行った。最初は、ソラル(旧正月)の休日。ソウルからKTX(韓国高速鉄道)に乗り、東大邱(トンデグ)からバスでキョンジュへ出た。バスは団体の女子高生が後部座席に陣取り、その話声がかなり騒がしかった。とそのとき、前の席に座っていた年配のおじさんが突然後ろを向き大声で注意するという一幕があった。昔の日本をみる思いがした。慶州の山並みは、京都や奈良を彷彿とさせる。町中に点在する大きな古墳群が古都を思わせた。2度目は、5月。雨が降り始めたので、ホテルから佛國寺(ブルグクサ)、石窟庵(ソックラム)へはタク

慶州の古墳と山並み

シーを利用することにした。韓国語でのコミュニケーションに案ずるには及ばないと思ったからである。

翌年のソラルには、またKTXに乗って、ソウルから3時間半かけて、木浦(モッポ)へ行った。急斜面の階段をユダル山の山頂めがけて登り、中腹の休憩所で一休みしていると、老婦が日本語で話しかけてきた。韓国語で答えると、急に早い韓国語で話し出した。御年83歳の老婦は、かつてここのガイドをしていたらしく、若かりし頃のガイド姿の写真を見せてくれた。彼女は、昔、ここの女学校で、日本人の先生に日本語を習って

木浦のユダル山中腹の休憩所

いたらしい。戦後、手紙と写真を送ったら返事が送られてきたと喜んで話していた。木浦の歴史博物館には、日本人が戦時中、いかに極悪非道であったかを表す写真が多数陳列されていて心が痛んだ。しかし、この老婦の話を聞く限り、良い日本人もたくさんいて、町のインフラを整備したり、教育を施したりしたことで感謝されていることもわかり、救われた思いがした。

韓国は高速バスが便利で、ちょっとした都市なら高速バスターミナルがあり、ソウルからもバスが頻繁に出ている。しかも、国土が四角いので、ソウルからなら、3〜4時間でどこにでも行ける。但し、途中でトイレ休憩があるので、基本的な韓国語が話せないと危ない。

秋の江原道。休日だったため観光客が多かった

韓国の東海(トンヘ)(日本海)沿岸の江原道(カンウォンド)にも秋と冬、2回行った。雄大な自然の中に、印象深い寺社仏閣がある。1回目の秋は一人で高速

イさんとともに訪れた冬の江原道

バスを利用して行き、2回目は退職する12月に慰労を兼ねて、イさん運転の車で、奥さんと3人で訪れた。雪で覆われた山々の景色が目にしみた。

サムスンでは、いろいろな職級レベルでのイベントが企画される。そして、それらはその主催者(室長、事業部長)の趣向を反映している。

入社した年の年末はチョン・チリ室長主催の開発室役員同士の食事会であった。室長は紳士然とした人であったためか、夫人同伴で、ソウルのホテル最上階でのフランス料理となった。私の家内は出席できなかったが、キロギアッパ以外の役員は夫人連れで食事を楽しんでいた。ここでも、私は韓国語で挨拶した。挨拶が終わったとき、室長が、日本語で「宮本さん、韓国語はもういいですから、アイデアを出してください」と言った。私に期待されているのはアイデアなのかな？　しかしアイデアなぞ、いつ出るのか本人もわからない。。

翌年5月には、メモリ事業部役員のつり大会が催された。事業部長の意向で、西海の沖で、釣りをするとのことで、午前3時に会社を出発することになった。あまりに早朝なので常務連中に参加するかどうか聞いて回ったが、行かないという者は一人もいない。そこで、やむなく参加すると答えた。私は釣りをしたことがなく、どんな格好で行くのかもわからなかったので、仕方なくサンファさんとイさんに付き合ってもらい帽子から靴に至るまで、前もって買い揃えておいた。当日は午前2時にイさんにアパートまで迎えに来てもらうことにし、その夜寝るべきかどうか迷っていた。ところが、幸いなことに金曜の退勤時に、雨になる天気予報が出て、急遽、海釣りは危険という判断になり、西海近辺のつり堀に変更となった。そのため集合時間が、7時と繰り下がりホッとした。

定刻に会社につき、西海行の貸し切りバスに乗ると、スタッフが、一人ひとりに朝飯用キンパブ（海苔巻きのようなもの）を用意してくれていた。例によって、日本人は私だけ。結局、魚は一匹も釣れなかった。昼食のブテチゲを食べた後、表彰式が開催され、私は2等賞の記念品を常務に授与するという大役を仰せつかってしまった。授与する側は、事業部長（社長）、製造部長の副社長、フラッシュ開発室長、その次は顧問の私という順。私も、記念品を授与する際、韓国語でなにか一言挨拶したように記憶する。会社に戻り、アパートに帰ろうと車に乗ると「名品」と名をうったお土産が置いてあり、あけてみると生のアワビであった。一人暮らしであり、調理法もわからないので、イさんにあげた。酒に合うと言って喜んでくれた。

チョン・ヨンヒョン室長は、山登りが好きであった。フラッシュ開発室の有志50人ほどを引き連れて、龍鳳山（ヨンボンサン）へ登山する企画が持ち上がった。標高381mの小高い山だったので気軽な思いで参加することにした。麓までバスでゆき、それから山に登る。ところが、登山道は、日本のように曲がりくねっておらず、ほとんど直線コースで山頂に向かっている。最初は皆とペースを合わせ登っていたが、山腹でバテて倒れ込んでしまった。遅れて山頂に着くともう誰もいない。道標頼りに、トボトボと下山しかけたところ、三叉路でスタッフの人が待っ

フラッシュ開発室メンバーで登った龍鳳山

ていてくれて、そのままバスに案内された。が、室長を始め、まだ誰もバスに戻っていない。聞けば、三叉路のもう一方の道を行き、もう一山登っているとのことであった。

この山登りは、午前中のフラッシュ開発室の下期経営戦略会議終了後に出発したのだが、登山口までの移動手段でちょっとしたごたごたが

あった。参加者のためにバスがチャーターされていたが、室長は、当初車での移動を考えていたようだったので、私もイさんに待機してもらっていた。それが、出発間際、バスに変更された。それでは、私もバスにしようと思っていたら、また車になった。サンファさんは、室長がどういう移動手段をとるかの情報収集で右往左往していた。その後、バスだ、車だ、七転八転の情報が飛び交い、最後の最後にバスでゆくことになり、私もバスで向かった。韓国社会か、サムスン独特の社風かはわからないが、これらを如実に物語っている出来事であった。

17 次の仕事

　アメリカもそうであるが、韓国も基本的には正月は元旦しか休日ではない。2009年の年末は休暇を取って日本に帰っていたため、元旦の日曜日には羽田を発ってソウルへ戻らねばならなかった。羽田に到着すると、大雪のため、北京行きのフライトがキャンセルされたことをアナウンスで知った。

　翌月曜日、いつものように、7時10分に出るべく、朝食のパンをかじっていたら、6時半にサンファさんから突然携帯に電話がかかってきた。折からの大雪で通勤に時間がかかることが予想されるため、イさんがもうアパートに着いているという。急いで着替えて車に乗り込んだが、高速道路では大雪で走れなくなった車がどこそこで立ち往生しており、大渋滞になっていた。韓国では、雪が積もっても、誰もチェーンをつけない。そもそもソウルは寒いことは寒いが雪の少ない土地柄のようで、チェーンを装備しておく習慣もないようである。結局、通常30分

のところ2時間もかかって会社についた。予定されていた半期一度の半導体経営現況説明会は、キャンセルになっていた。

　私の仕事は、あいかわらず、縦型構造のNAND型フラッシュメモリであった。アイデアが浮かんだり、疑問点があったりした場合、若手技術者を呼んでは建設的な議論と助言を行っていた。あるとき、動作方法でおもしろいアイデアが浮かんだので、設計チーム長に話すと、若い責任クラスの技術者がやって来た。京大に留学経験があり、研究室同期の人間が東芝にもいるという。聞けば元部下、私もよく知っている男だった。私の考えたアイデアは、一応検討してはみたが、回路規模が大きくなるため断念したとのことであった。話しながら、サムスンでは優秀な若手技術者が豊富におり、時間をかけてひとつの技術に磨きをかけているということがわかった。1995年の共同設計当時は、いきなり製品のようなLSIを試作して、強引に製品に持ってゆくのがサムスン流だったが、年月を経て、だいぶ風土が変化している。技術レベル的には、東芝と競っているか、ややサムスンが勝っているのではないかと思ってしまった。

　チョン・テソン新室長は、前室長がなぜ私を雇ったかについては明確なことがわかっていない様子であった。あるいは、かつての学会仲間であったことから遠慮しているのかしれないとも思った。室長曰く「週報も場合によっては、スキップしてもよい。月1回の面談時、何かの話題について、A4、1～2枚で話してくれればよい。韓国文化と日本文化の差でもよい。国際学会への参加も多分問題なかろう。ところで、誰か知っている人でサムスン電子に来てフラッシュメモリの講演してくれる人はいないか？」。そこで、この講演者として、東芝時代の元部下で、東京大学に移った竹内健准教授（現、中央大学教授）を紹介したところ、室長も名前を知っていたらしく、快諾をもらった。

　月1でよいとは言われたが、週報は、毎週書くことに心掛けた。この頃になると、会議において、資料に書かれている韓国語の50%程度は

辞書を片手になんとか把握できるようになり、それに伴い単語の端々は耳に残るようにはなっていた。事業部長主催のフラッシュ総合会議が開催され、出席してみて驚いたのは、次世代のフラッシュメモリの回路方式に、私が週報で主張した方式を採用することが決定されていたことである。誰も何も言ってきてはくれないが、やはり、誰かが私の週報を読んでいるのだろうか？ しかし、週報を見ていなくても当然の帰結と言えないこともないのだが……。

　3月の室長との面談で、サムスン横浜研究所でも仕事をしてくれないか？と打診を受けた。これは予想されたことであった。2月のフラッシュ開発室全員参加の方針説明会の場で、設計チーム長の常務から、「横浜でも仕事をすることになる。後ほど、室長から話があると思う……」とささやかれたのだ。実は、その前日にも、企画の人と飲んだとき、そんな話を耳にしていた。結構念入りに根回しするものだと思った。

　室長からの業務課題は下記であった。
1. 横浜研究所にあるメモリグループの開発品種を、NOR型フラッシュメモリからNAND型フラッシュメモリに変更することにした。その技術サポートと諮問のため、月1回、1週間、横浜研究所に駐在すること。
2. 日本の業界情報の収集をすること。
3. 人材採用をすること

ただし、人材採用については、東芝の人には絶対に接触してはいけないと厳命された。実は、あるヘッドハンターが私の名前を出して東芝の人を勧誘したことがあったらしい。東芝とサムスンは歴史的につきあいが古く、いろいろなレベルで交流がある。その交流の場で東芝からクレームがついたとのことであった。

　サムスンにも年初に上司へ提出する目標管理がある。自分の業務目標を箇条書きで具体的に書き、100点満点でそれぞれの点数を記す。東芝でも、この手の目標管理はあったが、点数配分などなかったし、年度末

にほとんどチェックされなかった。それは、1年の間に仕事の内容も変わり、周囲状況も変化するからである。しかも、提出先は上長で人事部がからむことはない。しかし、サムスンの場合には人事部が管理する。10月中旬にそれがどうなったか、エビデンス付で人事部に提出しなければならない。1月に目標管理を作成したものの、3月の室長との面談で仕事が変更されたこともあり、この目標管理表にざっと到達点をいれてみると67点にしかならなかった。とりあえずこれで、サンファさんに見てもらうと、「こんな点数ではダメです。77点以上にして下さい」と言われた。週報を見返しながら再度考え直してみると、該当する項目が見つかった。将来のNAND型フラッシュメモリを従来の平面構造ではなく縦型構造にすべきという提案をしていた。この苦肉の策で10点を追加し、なんとか77点を達成できた。この目標管理のエビデンスについては、毎週提出していた週報が役に立った。まさに、「継続は力なり」である。

こうして、月1、1週間のサムスン横浜研究所への滞在が始まり、会社生活にメリハリができてきた。本務のNANDフラッシュメモリ技術の教育であるが、これは当初から予想していたようにそれほど貢献できたとは思えない。NAND型フラッシュメモリへの開発品種変更は皆、希望しており、また理解もしていたため、懸命に勉強していたからである。もちろん、技術ミーティングには毎回出席し、できる限りのアドバイスはしたが、主な役目は、韓国サムスン電子から出向している韓国人技術者とサムスン横浜研究所の日本人技術者の意志の疎通をはかることであった。会議は、皆それなりのレベルの英語で話すが、お互いに外国語であり細部の理解が進まない。質問と答えがかみ合わないことも多い。国際学会でもよくみかける光景であった。日本人の秘書が通訳もしてくれるが、フラッシュメモリの専門家ではないので、日本人技術者は、最後はやはり英語でコミュニケーションをとろうとする。しかし、日本人同士が話した場合の80%程度の理解度で終わってしまう。しかも、こ

こであきらめてしまい、そのあと追求しない。ここを埋めることに腐心した。
　横浜研究所では本社の動向について詳しく説明することができたし、横浜研究所の悩みや、不満点も理解することができた。これが、彼らにとっては、フラッシュメモリ技術教育よりも、私の滞在が有効に映ったことであろう。横浜研究所の悩み、これは、東芝本体を離れ、関連会社に在籍したとき感じた、関連会社が抱いている不満と共通するものであった。「本社は業務のみを投げてくるが、その背景を説明してくれない」「本社からの要求はときに過酷と思えることもある」云々。
　これ以外は、昼夜を問わず、過去の人脈を生かし極力、外部との面談スケジュールを入れた。このため出張前はアポイントをとるため結構多忙であった。幸いなことに、面談を申し込むと、ほとんどの人は快く応じてくれた。東芝時代、関連会社の時代は、ほとんど東芝関連の人々としか交流がなかったが、サムスン電子に入社した後は、東芝を退職し他社に移った方と密な人間関係を築くことができ、また業界の興味深い情報も得ることができるようになった。横浜研究所の人も、これが私の重要な任務であるということを理解してくれて協力してくれた。あのまま、東芝メモリシステムズの顧問におさまり、この業界から引退していたら、とてもできなかった貴重な体験であった。
　こうしてみると、東芝は偉大な会社であるとつくづく思う。東芝を退職した人々は、皆、大学、設備メーカー、競合会社、研究機関等で重要な仕事を担い、それぞれの舞台で活躍している。彼らと意見交換できることが楽しかった。相手はすべて話すわけではないし、こちらも手の内をすべてさらけ出すわけでもない。もちろん、話した内容すべてを報告するわけでもない。A4で1枚が義務の週報を、2〜3枚に増やして概略を書くだけである。室長が私の週報を読んで質問してくれば、いくらでも答える用意はあったが、ついに1件の問い合わせもなかった。この出張時だけは、週報に頭を悩ますことなかった。

入社して1年を過ぎると、私がサムスン電子に入ったことが知れ渡り、韓国に出張にくる機会があると連絡をくれる人が出てくるようになってきた。よく連絡をくれたのは、東芝時代、ドイツのインフィネオン社（シーメンスの半導体部門が分離し独立した会社）との強誘電体メモリ共同開発の契約交渉をしていたとき、手ごわい相手だったカルロス・マスーレというフランス人であった。彼は、共同開発契約締結直後にインフィネオンを退社し、ソイテックというフランスのシリコンウェハー製作会社の技術統括責任者におさまっていた。そこの新技術をサムスン電子やハイニックスに売り込みにやってきた。その新技術の見通しをつけるため、私との会食を望んだという次第である。最終的には、サムスンもハイニックスも門戸を閉じてしまったが、彼の技術プレゼンのアレンジメントをしながら、彼の会社の技術を知ることができた。東芝との契約交渉時にはあまり感じられなかったが、実はフレンドリーな一面を持っていることもわかった。会話は英語であるが、私は英語になると、技量のなさも手伝って、言いたいことをはっきり言ってしまう。また、Yes、Noがはっきりしているので、日本語のように曖昧に答えることができなくなる。従って、彼との議論では「素」な自分が浮かび上がってくる。また、カルロスは必ず、私の家族へのフランス土産も欠かさなかった。

大学時代の同期も何人か、韓国での仕事のついでに立ち寄ってくれた。同期の訪問は、東芝時代にはなかったことである。こんなときは、車を使って景福宮（キョンボックン）などの名所を案内した後、サンファさんに頼んで、伝統的な韓国料理のレストランを探してもらい、食事にも同席してもらった。レストランにもよるが、まず、英語が通じないところが多い。私が韓国語を使おうにも不自

景福宮内部にある韓国庭園

由さがあり、このために相手との会話に集中できなくなってしまう。日本では、秘書をプライベートの会食に同席させるなど、不謹慎だと思われるかもしれないが、ここでは問題なかった。イさんも指定のレストランまで送迎してくれ、お客をホテルまで送って行ってくれた。

　2010年の不揮発性メモリに関する国際学会は、サムスン電子の人が幹事をしていた関係で、ソウルの新羅ホテルで開催された。ここで、夜、学会仲間を呼んで、会食することにした。人が人を呼んで、日立、東芝、ソニー等に勤めている人、東芝を辞めて競合会社に行った人、大学の先生とその学生さんと呉越同舟の宴会になった。競合会社であっても、同じ不揮発性メモリコミュニティで働く者同士である。業界が発展すれば会社も発展する、そういう雰囲気になってくる。

　12月は人事異動の季節。役員人事が公表され、フラッシュ開発室では、3人が常務に昇格した。1人は生え抜きだが、他は、サムスンを退職した後、アメリカのベンチャー会社勤務を経て競合会社に移り、再びサムスン電子に戻ってきた首席、もう1人は入社7年目だが、以前東大でポスドクをやっていた首席だった。また、チーム長の専務が副社長に昇進した。この人もIBMに勤めていた経験がある。しかし、彼の上司である室長のチョン・テソンは副社長に昇格できなかった。やはり、外部から来た人の方が、技術的な信頼が厚いようである。室長が副社長になれなかったことは、開発室全員がバッド・ニュースと受け取っていた。結局、室長は品質保証室長として転出した。幸いにも、私が退職した翌年、副社長に昇格したとのことである。

　人事が公表されると、即サムスン内部のメールアドレス帳が変更される。金曜日に公表されると、次の月曜日の朝、もう離任式である。私の、東芝の技師長退任人事は、1カ月半も前に早々と公表されてしまい、業務に何の支障もなかったものの、身の置き所に困ったことを思い出した。去る者にとっては、公表されたらサッと消えるサムスン流の方がよいかもしれない。

12月に入ると、とたんに寒くなる。調べたら、気温−13度。ちなみに、横浜は10度台が続いている。今年も人事異動発表の後は、メモリ経営戦略会議。朝8時から夕方5時まで、延々と続き、その後、忘年会になだれ込み、韓国語漬の一日である。場所は去年と同じノーブルカウンティ内のレストラン。たった一人の日本人のために英語でやってくれるはずもなく、流れは雰囲気で聞き取ってゆくしかない。が、今年は、東大で学んだことがあるという日本語が話せる常務が隣に座ってくれ、通訳をしてくれた。帰りがけに、また、商品券と、きのこの詰め合わせをもらった。忘年会のお土産には定番なのだろうか。

18 最後の仕事

　2011年の年も明けて開発室長がチョン・ヨンヒョン副社長に代わった。早々に、フラッシュメモリ事業化会議があったが、非常に実りが多かった。資料のいわんとするところはほとんどわかる。話し合っている韓国語の細部はわからないものの何が問題であるかがわかる。新室長になってから初めての会議であったためか椅子が足りなくなるほどの盛況であった。夜は、フラッシュ開発室役員の新年宴会が催された。新室長は、技術へのこだわりが深い人であった。毎週月曜日夕方5時から、「シナジー・ミーティング」と称した技術発表会を企画し、開発室役員を含む全員に出席を義務付けた。このミーティングでは、毎回テーマを決め、首席クラスが、自分のやっている技術を大ホールで紹介する。毎回1テーマで、フラッシュメモリに関する全領域をカバーする。デバイス、設計、コントローラなど、その道の第一線の技術者が仔細に渡って

技術を説明するのである。蛸壺化している各技術に横串をさし、まさに、シナジー効果を狙った意欲的な企画であった。質問も活発に出ていたので、私も楽しめた。東芝では、部課長が多忙なせいか、各部所がサムスンのように一箇所に集結していない為か、このクラスの横断的な技術志向の会議はこれほど多くなかった。専門すぎてどの程度効果があったかは不明ではあるが、部課長といえども、技術者の端くれである。マネージメントだけではなく、技術にも精通している必要はあると、私はかねがね思っていたので、この企画には共感した。

　あるとき、室長から、抵抗変化型メモリを設計の立場から見てほしいと言われた。私は、将来のメモリと目されている強誘電体メモリ、磁気メモリについては開発経験があったが、一番新しく提案された抵抗変化型メモリには関与したことがなく、一度やってみたいとかねがね思っていたので快諾した。早速、その抵抗変化型メモリのデバイス開発をすすめていた研究所のペク・インギュ首席から特許造出会議の案内メールが来た。技術資料と共にプロジェクトの組織表があり、設計担当として私の名前が記載されていた。フラッシュメモリの回路や仕様を熟知していたため、室長が推薦してくれたらしい。これまでの抵抗変化型メモリ開発には、まだ設計者が係わっていなかったらしく、室長が交代したおかげで、こんな仕事にありつけることになった。私といえば、月1週間の、日本出張での業界情報収集には若干飽きが来ていたので、絶好のタイミングであった。1995年の共同設計時に使ってみたいと思っていたが、セキュリティの関係で使えなかったサムスン電子内製ソフトも使えるようになり、回路シミュレーションをはじめとする設計環境も整えてもらった。

　特許造出会議は、あまりレベルの高いものではなかった。各特許案はメールに添付されており事前に配布されていたが誰も読んできていない。内容を理解しているのは、ペク首席と私程度。知的財産部の人は、「よい特許を出せ、出せば所長から表彰をもらえる」というだけで、提案し

てきたアイデアをどう膨らませ、特許化するかという姿勢に欠けていた。一方、サンファさんは大活躍で細部にわたって同時通訳してくれたのでよく理解できた。

　抵抗変化型メモリに関しては、ペク首席が新しい構造を考え出し、コンピューターシミュレーションを駆使して、メモリとして動作可能となる素子の条件を模索していた。しかし、シミュレーションでは、ある入力条件での結果（すなわち点）しか出ず、それを集合させたところで、メモリ動作全体を把握できるはずもなく、その条件を見つけられないでいた。私はメモリ動作を手計算で解く必要性を強く感じていた。これは、アパートに帰っても数日頭から離れず、ベッドに入ってもこのことばかり考えていた。あるとき、構成素子の個々に注目して膨大な数の連立方程式を解いてゆくのではなく、発想を転換して全体を俯瞰して解けば解析式が求まるのではないか？とひらめいた。そうして得た解析式をもとに考えると、メモリとして動作させるために必要な素子の条件がわかってきた。久しぶりに「仕事をした」気分になった。早速ペク首席にメールしたが、彼は、この解析式については、あまり興味はなさそうで、動作する条件が見つかったという結論にだけに満足していたようであった。東芝でも、デバイス開発担当者は、こんなときはこんな反応であったことを思い出した。ともかく、次回の会議で説明してくれと言われ、久しぶりにパワーポイントで資料を作成し、会議で説明した。が、やはり他のデバイス開発担当者も、全く反応がなく、「正しいだろうか？」と聞いても、「正しいと思うよ」という答えしか返ってこない。この会議では、自分の解析式をもとに２件ほど特許を提案した。これに対してもデバイス開発担当者の反応は全くなかったが、ペクさんが、「これは特許になる」とひとこと言ってくれたおかげで、サムスン電子に入社以来、初めて特許を出願できることになった。実は、少し前に、私は、ちょっとした計算の見落としに気が付いていた。会議ではこれを修正して発表したが、やはり、自分の考え方をチェックしてくれる設計者の必要性を

痛感していた。どんなすばらしいアイデアでも、「批判者」や「懐疑論者」がいないと、陥穽にはまる。そんな欠陥のある理論をどんどん発展させていったら、全くの砂上の楼閣で、一夜にして崩壊してしまう。

　以前室長からも、「もし、面白いアイデアが浮かんだら言ってきてくれ。場合によっては担当技術者をつける」と言われていたのを思い出し、時間をとってもらって例の解析式を説明し、「現状、抵抗変化型メモリは、室長が言った『製品化できる』という確証（コンフィデンス）は持つことはできないが、この解析式を用いれば設計技術的なコンフィデンスは持つことができる。但し、抵抗変化型メモリの狙う市場は、巷に盛んに喧伝されているNAND型フラッシュメモリの代替ではない。現在、ソフトウェアや映画などのコンテンツはDVD-Rなどの記憶媒体に格納されているが、もしこの媒体を抵抗変化型メモリで代替できればモバイル映像機器の小型軽量化が可能になる。従って、この抵抗変化型メモリを用い、極めて低価格の不揮発性メモリを狙いたい」と話すと、「設計者のアサインを考える」と言ってくれた。これで、抵抗変化型メモリの技術担当者会議にも参画できそうになってきた。サムスン電子の内部、しかも研究所に食い込めるかと思うと、また楽しみが生じてきた。

　5月中旬過ぎ、設計チーム長が、横浜研究所とNOR型フラッシュメモリの仕事をしていた首席と、最近ソウル大博士課程を修了して入社した若手の設計者をつけると言ってくれた。私は、このような海のものとも山のものともわからないプロジェクトに担当者を2人もアサインすることが、いかに大変かを知っていたので、存外早くこのようなことを決めてしまうサムスン電子の底力を感じた。と同時に、彼ら2人を育て上げ、抵抗変化型メモリ開発にメドをつける責任のようなものを感じた。さっそく、抵抗変化型メモリの原理と例の解析式を説明したところ、彼らは非常に興味を持ってくれた。特に、若手の設計者は技術的に優れた人で、自らシミュレーションを行い、私の解析式が正しいことを証明してくれた。特許についても、彼ら自身の考察を隅々までつけて、私の

A4、1枚の資料を、韓国語の完璧な特許に仕上げてくれた。本来、ペク首席が書くことにはなっていたが、やはり、デバイス開発が専門では設計に関する特許を書くのは荷が重そうで、のびのびになっていたのである。「夢よ、もう一度」のチャンスは来た。ペク首席というデバイス開発の良きパートナーを得、設計の部下もつけてもらい、室長は要求や心配事があれば何でも相談してくれと言ってくれた。一方、私はこの解析式の発見のあとの次の一手は何かを考え始めていた。もう、一つか二つブレーク・スルーがないともう一歩先には進めない。NAND型フラッシュメモリにはこれがあった。しかも、三つも四つも。それらは、すべて別々の人から出てきたアイデアである。だから製品化でき、事業化にも成功したと思っている。設計でなくとも、デバイスでも、製造工程でもよい。そこをサムスン電子の若手になんとかしてもらいたいと願った。

　9月になった。サンファさんは期限2年の契約社員である。このことが気になり6月頃から人事には、私の契約の切れる年末までなんとかならないか懇願していた。そのときはうやむやな返答であったが、最終的に、人事部から「韓国の法律なので延長不可」と言われてしまった。最近正装して出勤してきたり、休暇をとったりと、他社の採用面接やらで忙しそうであった。私をゼロから一人前の仕事ができるまでサポートしてくれたという思いがある。幾度となく、彼女の明るさとスッパリとした割り切りに救われてきた。入社当初から、毎日昼食を共にし、プライベートなことから会社のことまで、すべて相談してきた人なので、「懐刀」を失うような寂しさを感じた。サンファさんは、正社員を目指しているとは言っていたが、結局、紹介してもらったサムスン電子傘下の会社の正社員の口を断り、退職していった。私がサムスンを退職した後、彼女は生まれ故郷の清州(チョンジュ)で結婚式を挙げた。私も、この結婚式に招待され、頼まれて仲人役（韓国では、チュレ（主礼）とよばれる）まで務め、韓国語で挨拶した。

そして、次の秘書が決まった。実は面接に立ち会うかどうかを、また人事から聞かれてはいたが、品評会はいやなので、またすべてを人事に任せた。次の秘書は、ジン・ヒョミ（秦孝美）さん。日本で中高6年過ごし、高麗大学の修士を出ているが、韓国語を話すのが不思議と思えるほど完璧な日本語を話す人だった。ジェトロ（日本貿易振興機構）で同時通訳をしていたというその人は、秘書業務は初めてらしかったが、プロ根性はサンファさんに勝るとも劣らない。毎週英語の学院にも通う努力の人であった。彼女に、帰国までの4カ月、しっかりサポートしてもらった。

秘書だったサンファさんの結婚式

19 プロジェクト顛末

9月末、設計担当者2名から、現在進行している抵抗変化型メモリについての検討結果がまとまったので、説明したいと言ってきた。10月に半導体研究所長会議が開催されることになったとのことであった。この半月、検討に相当時間を費やしたと言って少々疲れ気味であった。資料は、細部にわたって、詳細な検討が加えられており、私の発案した解析式についてもさらに発展させていた。私の知らぬ間に、こんなにも深く検討していたことに驚いた。かなりのデバイスデータも加わっていた。

やはり、韓国語の世界、デバイス開発部隊とも連絡をとりながら資料を作成したようである。まあ、方針が決まれば、私を交えない方が効率はよいだろう。検討結果は、コストを安くすることはできるが、性能が著しく劣ってしまうということであった。ある程度、予想された結果ではあるが、解析式があるので、どうすれば改善できるかわかる。いくつかの方向性を示し、資料を修正して、研究所のデバイス開発部隊との会議に臨むことにした。しかし、サムスンでは設計者はデバイス開発にチャレンジしない、デバイス開発部隊も設計にチャレンジしない。このお互いの領域を尊重して踏み込まないという考えは、東芝でも事業が大きくなってこそ散見され始めた現象だが、サムスン電子では、それが徹底しているようであった。設計者は、「デバイス開発部隊に対する要求は、宮本さんが話してください」と言う。お互いに、相手を批判して喧々諤々の論争をし、それをしながら良いアイデアを生み出すという慣習はないように思えた。ある境界条件の中できちんと自分の仕事をすることが求められているようで、その境界条件を踏み越えることは、してはいけない事と思っているらしい。私が示した案に対しては誰も真剣に考えようとはせず、設計者は自分の検討範囲内での対策を示している。デバイス開発部隊も同じ。すなわち、直線的な延長線上で物事を考えることに終始していた。

　10月に入ると早速、研究所長会議の事前会議が開かれた。こうなると今まで担当者の会議には一度も顔をみせてこなかった常務が出席してきた。そして、会議で自分がわからない点を次々に質問する。資料を読めばわかる基本的なことについて、何度も何度もきいてくるので、担当者間の議論がすすまない。が、担当者は、相手が常務なので答えないわけにはいかない。さすがに、このときは腹に据えかね怒鳴ってしまった。「コンブハセ！(勉強しろ！)」。後に届いた、その常務の謝罪メールには、資料を読んではきたが「確認」のため質問してしまったという言葉があった。サムスンの常務クラスは日本の部長クラスで守備範囲が広

く、きわめて多忙である。一方、上司が主催する会議にはどうしても神経質になる。わからないでもないがあまりにひどかった。東芝でもこのようなことはあったが、東芝の場合、会議の進行に支障をきたす上司の基本的な質問には「その点は、私があとから詳しく説明しますから」と部下がたしなめ、上司も「わかった」と言って、その前提で以降の議論が進む。上司の恥は部下の恥であった。しかし、サムスン電子にはそれがなく、上司の恥はその人本人の恥で、部下にはそれをフォローする気がないらしい。

　この頃、入社時に面倒をみてくれたイ・ジェヒョン部長（この時点では、横浜研究所から韓国に戻り、企画部の部長）が現れ、契約更改に向け、今のプロジェクトに対する自分の成果と、今後自分の経験を活かせる点をアピールし、継続して働きたいという意思をA4、1枚にまとめたらどうかと言ってくれた。イ部長には、「今年はそれなりのことができたが、韓国語も含めた能力の限界も感じている。サムスン電子がいらないというなら、無理にでもしがみつこうとは思わない」と告げた。しかし、できれば、抵抗変化型メモリの行く末を見たかったので、その旨をまとめ、イ部長に送った。

　10月末にメモリ事業部長会議が企画された。当初、私は、この会議の参加者名簿に入っていた。が、直前になって出席不要と言われた。会議は開催されたが、その結論は聞こえてこなかった。参加した設計チーム長にヒョミさんを介していろいろ問い合わせたが、「私も頭を悩ましている」と言っているとかで、説明に来てくれない。私の知らないところで、いろいろ抵抗変化型メモリ関連の会議が開かれているようであるが、何がどう決まっているのかわからない。会議開催直前まであれほど頻繁に飛び交っていたメールがパタッと来なくなった。

　どうも雰囲気が良くないなと思っていた11月も2週目に入ったころ、ようやく、設計チーム長が来て、事の顛末を話して言ってくれた。結局、メモリ事業部長の指示は、「とりあえずDRAM代替としての磁気メモ

リ開発に注力せよ、抵抗変化型メモリは材料開発に注力せよ」ということであったらしい。確かに、私の要求した特性をもつ素子の開発には時間がかかりそうで、それができるまで、設計者は不要かもしれない。「2人の設計者も、とりあえず縦型構造のNAND型フラッシュメモリの設計に集中させたいので、返してほしい」とのことであった。それならそれで仕方がない。縦型構造のNAND型フラッシュメモリ開発の重要性は、私も十分認識していた。

　2011年12月1日、室長に呼ばれた。室長とのフォーマルな会話は英語である。しかし、フォーマルな会話に入る前は、室長が早朝執務前に習っている日本語を使い、私は覚えたての韓国語で答え、紛糾してきたら英語というパターンが日常化していた。室長は、私の顔を見るなり、「宮本さんの契約が今月末で切れるということは知らなかった。来年は何をしたいか?」と聞いてきた。私は、今年やらせてもらった抵抗変化型メモリの研究開発は面白かったし、会社としても継続してやるべきだ」と答えた。しかし、室長は「このプロジェクトは、時間がかかりそうなので、しばらくスローダウンすることに決定した」と語り、翌年、私にやってもらいたいことを伝えてきた。それは、抵抗変化型メモリの研究以外で、この年やってきた仕事とあまり差異はなかったが、その基本的な考え方において私とは大きな隔たりがあると感じた。話は平行線で、最後に、室長は「それでは人事と相談してみる」と言った。

　夕方、人事部常務に呼ばれた。常務の部屋に入って、ドアを閉め、私が、
「안녕하세요. 영어로 이야기합니다.」(こんにちは。英語で話します。)
と言うと、
「한국말을 연습하세요.」(韓国語を練習して下さい。)
　仕方がないので韓国語で話をすることにした。常務が上海に出張した話やお土産の中国茶の話、それをご馳走になりながら、だんだんと室長

と話していた私の翌年の仕事についての話になってきた。
「그런데 실장님은 어떻게 이야기하셨어요?」
　（ところで室長はどう話されましたか？）
　室長と常務はこれについて事前に十分話しているはずだ、なんでいまさら聞くんだと思ったので、
「그것은 저보다 상무님이 잘알아요?」
　（それは私より常務様がよくわかっているでしょう？）
するといきなり、
「계약을 끊습니다.」((翌年の) 契約をやめます。)
と言ってきた。確認のため英語で、
「Do you want to terminate my contract?」と聞くと、
「Yes」
　今思うと、室長と次の仕事について合意しなかったので、当然と言えば当然だが、はっきり面と向かって言われると、やはりショックなものである。しばらく沈黙が続いた。中国茶を飲み、私が口を開いた。
「이제부터 삼성에 대해서 일하고 싶지않아요.
　벌써 월급은 필요없습니다.
　다음주 화요일까지 예정이 있어서 회사에 와야해요.
　하지만 수요일부터 휴가를 받고 싶은데……」
　((プロジェクトも終わったし) もう出社したくありません。そのかわり、もう、給料ももらいません。
　　来週火曜日まで予定があるので、会社に来なければなりませんが、それ以降は休暇を取りたい……。)
すると常務は、
「계약에 따르면 고문님은 연말까지 일해야해요.」
　（契約によれば、顧問様は年末まで働かなければなりません。）
だから給料はいらないと言っているじゃないか！　韓国語が通じてないと思ったので、もう一度同じことを言った。しばらく沈黙が続いた後、

常務は、
「알겠습니다.」(わかりました。)
そして、
「給料は契約通り払うが、水曜日から出社しなくてよい。運転手も秘書も年末まで付ける。いろいろな人に退職の挨拶をしなくてはいけないだろうから、交際費も使ってよい」と言った。
これには驚いた。私が、
「그런것은 비서에게 이야기할수 있습니까?」
　(私が退職することを、秘書に話してよいですか？)
と聞くと、
「이야기하지 마세요.」(話さないでください。)
「明日、フラッシュ開発室の役員の忘年会があるでしょう？　そのときに退職の発表をして下さい。秘書もその会に同席させます」
と、淡々とした口調で常務は話した。こうして人事部常務との面談が終わり、自席に戻ると、1時間半が経過していた。

会社を去るにあたって、室長に対し、最後の週報を提出した。それは、この1年、抵抗変化型メモリの研究開発というテーマを与えてくれ、2名の設計者をつけてくれたお礼と、将来のメモリ事業に対しての私見であった。半導体メモリにはいろいろな種類があるが、歴史的に、少々性能は悪いがビット当たりのコストの安いものが現れ、安いがためにメモリ市場は拡大してきた。私が東芝入社以来開発してきたのも、性能は良いが高価なメモリから始まり、結局は、性能は悪く、使いにくいがコストが最も安いフラッシュに流れていった。この流れからすると、次に来るのは抵抗変化型メモリしかない。従って、抵抗変化型メモリの開発は続けるべきである。技術的には難しいが、コツコツやっていれば、いつか日の目をみる可能性がある。フラッシュメモリは、現在の平面構造を縦型構造にすることでしばらく延命できるとは思うが、低コスト化に向けた技術的限界はもうそこまできている……。

それから悶々と考えた。この抵抗変化型メモリは、サムスンが開発できないというなら、どこの会社に行ってもできないだろう。これで、もうオレは先端メモリの研究開発はできないな、終わった、引退しようとの結論に達した。会社からいただいた時間は、お世話になったサムスン日本人会の面々、サッカー観戦に誘ってくれたシン教授、かつての共同開発のパートナーで、今はサムスンを辞めたソ・ガンドク成均館大教授、ハイニックスとの磁気メモリ共同開発のため韓国に駐在し始めた東芝の面々など、様々な人と会い、有効に過ごした。こうして、サムスンでの2年4カ月が終わった。

東芝退職記念品

サムスン電子退職記念品

エピローグ

　サムスン電子を退職して、はや4年以上の歳月が過ぎ去った。実は、退職時の送別会の席で、親しくしていた常務から、다시한번！（もう一度！）と言われた。背中を押された気がし、この貴重な経験を誰かに伝えたいという気持ちが起きた。
　その後、私は、学校法人中部大学の飯吉理事長に声をかけていただき、ここ中部大学で、工学部共通科目とキャリア教育科目の授業を担当することになった。その授業の中で、私が経験した諸々の事柄について、学生さんにお話しする機会を得ている。この中部大学で働いてみたいと思ったのは、宗教色のない校風、桃園と呼ばれるキャンパスの美しさもあったが、建学の精神「不言実行、あてになる人間」という言葉が心に響いたためでもある。
　中部大でも、採用にあたっての面接があり、私は「もう、研究開発は十分にやった。研究はやりませんが、それでもよろしいでしょうか？」と聞いてみた。すると、「研究は金も時間もかかる。教育に専念してくれればそれでよい」と言われて、少し安堵したのを覚えている。
　大学では、企業人としての経験が長いので、学生の就職活動を支援する仕事もしている。ところが人間関係とは不思議なもので、佐藤元泰教授、田中基彦教授、伊藤響教授となんとなく知り合い、私にとって全く未知であったエナジーハーベスティングの研究[*]を始めることになった。そして、その研究内容を学生さんの前でプレゼンする機会をいただき、なんと私の元で卒業研究をしたいという学生まで現れた。この大学は多様性に富み、自由闊達な雰囲気につつまれている。
　会社生活、大学生活を送りながら、自分の人生は自分の思っているようにはいかず、むしろ予想もしていない方向に、どんどんズレていってしまうということを感じている。しかし、大切なのは、その与えられた

環境に適応し、自分のあらゆる能力を動員して職務にベストをつくすことであろう。幸いだったのは、私の過去の人生の節目節目で、良い方々とめぐり合えたことである。これからも、一期一会を大切にしていきたい。

　本書は、サムスン電子退職直後、自分の人生を振り返りながら、忘れないようにと記したものを編集し直したものである。当時は、「出版でもしようか」と意気込んでいたが、いざ、読み返してみると、あまりにひどい駄文の羅列で、そういった気持ちも失せ、全く忘れてしまっていた。

　今回、なにげない雑談から、また日の目を見ることになった。きっかけを与えていただいた中部大学出版室の松林正己（現・人文学部准教授）さん、つたない文章を丁寧に校正していただいた坂野上元子さん、風媒社の劉永昇編集長に感謝申し上げる。

　＊）https://www.cts-advantest.com/ja/stories/chubu-univ-dssc-cts

宮本　順一（みやもと　じゅんいち）
1975 年　京都大学 工学研究科電子工学専攻 修士課程修了
同年　　株式会社東芝入社
1985 年　米国スタンフォード大学 客員研究員
1989 年　京都大学 工学博士
2001 年　株式会社東芝、先端メモリ開発センター、センター長
2004 年　株式会社東芝、セミコンダクター社 、メモリ技師長
2005 年　東芝マイクロエレクトロニクス株式会社、常務取締役
2008 年　東芝メモリシステムズ株式会社、常務取締役
2009 年　サムスン電子、フラッシュ開発室、顧問（専務待遇）
2012 年　中部大学 学長付　特任教授
現在　　中部大学 全学共通教育部　教授、学生教育推進機構
　　　　副機構長（キャリア部長）

中部大学ブックシリーズ　Acta 27

ジャーニー・ウイズ・セミコンダクタ
〜東芝、スタンフォード、そしてサムスン電子〜

2016 年 12 月 9 日　第 1 刷発行

定　価　（本体 800 円＋税）

著　者　宮本　順一

発行所　中部大学
　　　　〒 487-8501　愛知県春日井市松本町 1200
　　　　電　話　0568-51-1111
　　　　ＦＡＸ　0568-51-1141

発　売　風媒社
　　　　〒 460-0013 名古屋市中区上前津 2-9-14 久野ビル
　　　　電　話　052-331-0008
　　　　ＦＡＸ　052-331-0512

ISBN978-4-8331-4128-4